ÉTUDES

SUR L'ALGÉRIE

EN 1855

ÉTUDES

SUR L'ALGÉRIE

EN 1855

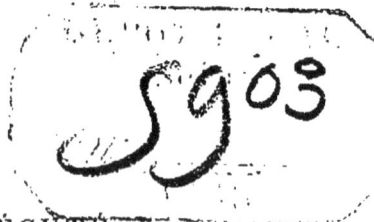

PENDANT UN VOYAGE EXÉCUTÉ

PAR M. BAILLY

Cultivateur, Membre correspondant de la Société Impériale et Centrale
d'Agriculture de France,
Ancien Conseiller général du Loiret.

PARIS

IMPRIMERIE FÉLIX MALTESTE ET Cie

Rue des Deux-Portes-Saint-Sauveur, 22.

—

1868

Dédié à mes Petits=Enfants

PRÉFACE.

Les prescriptions du docteur Maudit, mon méde-cin, m'ayant obligé à voyager pendant l'hiver 1855, je dirigeai mes pas vers l'Algérie, tant pour éviter les rigueurs de l'hiver que pour étudier l'état de notre nouvelle colonie africaine.

Voulant utiliser mes connaissances agricoles, je demandai à Son Excellence le Maréchal Vaillant une mission scientifique, que ce ministre eut la bonté de m'accorder avec les avantages qui s'y rattachent.

Le lecteur trouvera à la fin de ce recueil le rap-port que j'ai adressé au gouvernement central à mon retour de France.

Je transcris sur le papier jour par jour les impressions que j'ai éprouvées pendant cet intéressant voyage, et ce sont les lettres que j'ai retrouvées dernièrement et que je fais imprimer pour laisser à mes descendants, nés ou à naître, un souvenir de leur aïeul.

ÉTUDES
SUR L'ALGÉRIE

EN 1855.

I

De Lyon, 27 Janvier 1855.

A Mademoiselle Isabelle Bailly.

Hier j'ai écrit à ta maman et à ta sœur; je vais aujour-d'hui, chère Isabelle, t'ércire une petite lettre.

Après avoir mis à la poste la lettre qui était pour ta maman, j'ai pris le convoi de quatre heures qui m'a conduit à Châlons à six heures du soir. J'ai mangé un morceau et me suis présenté à la sous-préfecture pour voir les *Eigenschenc*; ils étaient absents : le mari en tournée de tirage, et la femme en visite. Alors je me suis mis à parcourir la ville à la clarté du gaz et de la lune. Je m'étais fait une très-fausse idée de cette ville; je la croyais mal bâtie, mal percée et très-arriérée dans les améliorations matérielles; j'ai été agréa-blement surpris en y trouvant une civilisation très-avan-cée, des rues grandes et bordées de fort belles maisons dont quelques-unes neuves et dans le goût de la renais-

1

sance, des monuments publics où les colonnes et les ornements ont été prodigués. Il y a un très-beau pont en pierre orné de huit obélisques, une belle place circulaire, contenant au point central un bel obélisque surmonté d'un aigle d'or aux ailes éployées. On se croirait dans une ville égyptienne et plus jeune de plusieurs milliers d'années. La cathédrale, nommée Saint-Vincent, est une charmante église, dont le portail est accompagné de deux hautes tours carrées très-élégantes; c'est un très-joli monument de date récente; l'hôtel de ville, situé sur une belle et grande place, est un beau monument datant du siècle dernier. La *Saône* est une belle rivière comme la *Seine* à Paris et bordée, comme elle, de fort beaux et larges quais en pierre; enfin *Châlons* est un petit Paris en miniature et vaut bien qu'on lui consacre quelques heures. J'ai fort bien dormi dans un bon lit bien bordé: je me suis levé de bonne heure et ai admiré au jour la ville, que je n'avais qu'entrevue à la nuit. Le froid était très-piquant; il gelait à dix degrés; la Saône est prise et la navigation interrompue.

Je suis monté en wagon à huit heures du matin et suis arrivé à midi dans la seconde ville de l'empire français; la campagne que j'ai traversée est plate et monotone; ce n'est qu'aux approches de Lyon que le terrain devient très-accidenté et pittoresque; les bords de la *Saône* sont à cet endroit couverts de villas et de parcs charmants; on reconnaît là les environs d'une grande ville. Je suis descendu à l'*hôtel de Provence*, recommandé par M. Grasset. C'est un des plus beaux et des mieux situés de la ville de Lyon; je lui trouve un grand inconvénient: on ne voit de feu nulle part; les principales pièces sont chauffées par un calorifère qui ne répand qu'une chaleur insuffisante pour cette saison, et il est impossible de se chauffer les pieds;

j'en suis à regretter les urnes funéraires du département du *Nord*. Si je devais rester un jour de plus, je prendrais un hôtel plus modeste où l'on puisse se chauffer. Aussitôt installé, je suis allé à la poste qui se trouve en face de l'hôtel et je n'y ai pas trouvé de lettres ; j'espère en avoir demain.

J'ai commencé mes excursions par la visite du *Rhône*, fleuve magnifique, aussi large que la *Loire* et d'un cours très-rapide, bordé de beaux quais et traversé par un beau pont en pierre. L'hôtel-Dieu est un vaste hôpital donnant sur le quai et ayant une très-belle et haute façade ; c'est un des plus beaux monuments de la ville. J'ai aussi vu la place *Bellecour*, qui est très-grande, mais nue et qui n'a qu'une statue au centre, ornement bien mesquin et qui n'est pas en rapport avec l'immensité de la place. Les rues de Lyon que j'ai visitées sont assez belles, bordées de grandes maisons à cinq étages ; presque toutes les façades ont une couleur enfumée qui attriste l'œil ; on les dirait badigeonnées avec de la suie. Les vieux monuments ont juste la couleur d'un intérieur de cheminée. Les propriétaires devraient bien imiter ceux du département du *Nord*, qui tiennent leurs façades d'une manière si propre et si coquette. Lyon est bâti, moitié sur un terrain plat, et moitié à mi-côte. Une montagne très-élevée domine la ville ; sur le sommet on y a construit une charmante petite église, qui est le but de pèlerinages religieux : l'intérieur de cette église est tapissé par des *ex-voto* sous forme de tableaux plus ou moins bien faits, et représentant les soi-disant miracles de *Notre-Dame de Fourvières* ; beaucoup de ces tableaux sont faits en tapisserie.

Auprès de cette église se trouve une terrasse qui domine la ville à une hauteur considérable, et d'où l'on a un magnifique panorama ; le temps brumeux qu'il a fait toute la journée n'était pas propice à l'examen de cette belle perspective; je ne pus donc en jouir que d'une manière fort imparfaite. J'aurais voulu dessiner l'église de *Fourvières*, mais il faisait beaucoup trop froid pour cette occupation nullement échauffante. J'espérais en trouver une petite gravure que je pusse t'envoyer dans cette lettre, mais celles qu'on m'a montrées étaient d'un volume trop considérable; j'ai donc été réduit à acheter une petite image représentant la statue colossale dorée de *Notre-Dame de Fourvières* qui décore le sommet du dôme de l'église que l'on voit de presque tous les points de Lyon et qui semble veiller au salut des habitants de cette ville.

En allant à *Fourvières*, j'ai passé devant la cathédrale dont je ne me rappelle plus le nom. Ce monument est loin de répondre à l'importance de la ville : il est petit et écrasé; ses tours, peu élevées et dépourvues de flèches, sont coiffées d'un petit toit plat; elles ressemblent beaucoup à un pigeonnier de campagne; des corneilles qui volent alentour complètent l'illusion. Le fronton est isolé et mesquin et n'a pas été recouvert d'un toit; il surmonte de peu la couverture de la nef, qui est plate et basse; les murs sont noirs et sales; enfin cette église donne l'idée d'un bâtiment qui a été incendié, dont on a démoli un étage et dont on a couvert provisoirement ce qui n'a pas été détruit par le feu.

28 Janvier, au matin.

Pendant le dîner, j'ai entendu parler de spectacle, de deux acteurs venus de Paris qui faisaient l'admiration des Lyonnais; cela m'engagea à y passer la soirée. Je me rendis donc au théâtre des Célestins, jolie petite salle dans le genre de celle du Gymnase. On y donnait deux petites comédies et un vaudeville, le tout assez médiocre.

Les acteurs ne sont pas mauvais et ont été fort applaudis et redemandés. Le prix des places n'est pas élevé : deux francs les premières et un franc les secondes ; je me suis contenté de celles-ci ; cela n'est pas ruineux et on peut passer sa soirée agréablement et à bon marché. Ce n'est pourtant pas sans remords que je me suis permis cette petite dépense de luxe en pensant que j'étais seul à en jouir et que vous ne partagiez pas mes plaisirs.

Ce matin, le temps est encore plus brumeux qu'hier. Je vais aller m'assurer au chemin de fer si mon pantalon noir est arrivé et m'occuper de retenir ma place aux bateaux du Rhône pour me rendre à *Valence* et continuer mon voyage.

Ma place est retenue aux vapeurs du Rhône ; je pars demain à huit heures du matin pour *Valence*. Je me suis rendu au chemin de fer et j'y ai trouvé mon pantalon noir ; cela m'a coûté vingt-sept sous de port ; c'est réparer mon oubli à peu de frais. En allant au chemin de fer, j'ai suivi à pied le cours de la Saône, encaissé entre deux hautes montagnes dont l'une forme le quartier de *Vaise* et l'autre celui de la *Croix-Rousse* : ces deux côtes, beaucoup plus rapides que celle de la montagne de *Châteaurenard,* sont couvertes de maisons échelonnées les unes au-dessus des autres et forment un effet très-pittoresque ; parfois le roc paraît à nu et est taillé à pic ; dans un endroit, on y a pratiqué une vaste niche, où se trouve la statue de *Jehan Kléberger*, dit l'*homme de la roche*, un bienfaiteur du quartier de *Vaise*.

Cette statue en pierre blanche est bien faite et fait autant d'honneur à l'artiste qui l'a modelée qu'aux habitants qui se sont cotisés pour en payer la valeur. J'ai été à même de voir ce que peut produire avec le temps l'action lente et destructive des eaux. A en juger par la nature du roc, les montagnes de *Vaise* et de la *Croix-Rousse* ne faisaient qu'un seul corps ; un barrage solide s'opposait au passage de la rivière et la faisait refluer en un immense lac qui couvrait toute la Bresse, une partie de la *Franche-Comté* et de la *Bourgogne ;* ce lac ne s'arrêtait qu'au pied de la *Côte-d'Or* et couvrait entièrement l'emplacement où *Dijon* est situé. A force de couler sur un roc inattaquable à l'acier, l'eau a produit une usure et une brèche qui ont permis à la *Saône* de se creuser le lit qu'elle occupe actuellement et de laisser à sec les vastes terrains qu'elle couvrait jadis. Que de milliers de siècles il a fallu pour un si immense travail !

J'ai reçu aujoud'hui la première lettre que ta maman m'ait écrite depuis mon départ ; dis-lui que j'ai été touché des tendres sentiments qu'elle sait si bien exprimer et que sa lecture m'a fait beaucoup de plaisir. Maintenant, qu'elle adresse ses lettres à *Marseille*, poste restante. Je compte passer une couple de jours dans cette ville.

Adieu, ma chère Nana; je t'embrasse tendrement ainsi que ta bonne mère.

Ton père affectionné,

E. BAILLY.

II

A bord du *Tigre*, sur le Rhône,
29 Janvier 1855.

A Madame Bailly.

Ta lettre, ma chère Caroline, m'a bien touché. Comme tu sais si bien exprimer ce que tu ressens! J'ai éprouvé les mêmes sensations que toi dans mon voyage du Nord. Je me croyais encore près de toi et je me disais : j'irai embrasser mon amie en repassant; maintenant cette espérance n'existe plus : chaque pas que je fais m'éloigne de toi, et cela pour longtemps; je ne recevrai tes lettres que rarement et à des intervalles incertains. C'est un grand sacrifice que ce voyage; j'espère pourtant qu'il ne sera pas inutile. Depuis mon départ je n'ai pas eu un seul accès de fièvre; mes forces reviennent chaque jour; je supporte sans fatigue la vie aventureuse que je mène depuis mon départ des *Motteaux*, et pourtant je puis dire que je ne me ménage guère et que je fais beaucoup d'exercice. Depuis le matin jusqu'au soir, je ne fais que battre le pavé et ne me repose que pour manger, dormir et t'écrire. J'ai bien employé mon temps pour parcourir dans tous les sens la ville de Lyon, dont je connais maintenant les principaux quartiers. A défaut de cicerone, je m'adressais à des passants de bonne mine pour leur faire des questions, et j'ai pu ainsi connaître les noms des quartiers, des monuments et avoir les renseignements que je désirais me procurer. Hier, un moment, le temps s'est éclairci et j'ai eu l'espoir d'admirer le panorama de Lyon : je suis remonté à *Fourvières* dans cette intention. Malheureusement, pendant que je gravissais les quatre cent quatre-vingt-six marches et les pentes raides et longues qui y conduisent, le brouillard revint et je ne pus jouir du beau spectacle que je me promettais. J'ai passé ma soirée à lire des journaux et à écrire à *Émile*. Ce matin, j'ai demandé la carte à payer à mon hôtesse ; elle a beaucoup dépassé mon estimation ; j'ai été très-mal et, de plus, écorché vif dans le bel hôtel qui m'avait été recommandé par Ernest Grasset ; j'aurais été beaucoup mieux et moins chèrement dans un hôtel moins apparent. C'est une leçon pour l'avenir. A huit heures du matin je me suis embarqué sur le *Tigre*, non pas le fleuve, mais sur le bateau de ce nom ; nous devions partir une demi-heure après ; mais un épais brouillard nous a forcés à attendre jusqu'à onze heures. Longtemps j'ai cru que nous ne partirions pas, vu l'état de l'atmosphère et les basses eaux, qui nuisent beaucoup à la navigation ; nous avons déjà engravé plusieurs fois et je ne sais si nous pourrons arriver aujourd'hui à *Valence*. Les bords du fleuve sont généralement très-pittoresques. De hautes montagnes l'encaissent dans presque tout l'espace que j'ai parcouru ; quoique la saison ne soit pas favorable pour admirer la beauté du paysage, on y supplée en imagination en métamorphosant ces montagnes, abruptes et couvertes de neiges, en jolis coteaux ornés de verdure, de rochers mousseux, de vignes et d'habitations riantes et gracieuses, puis en se figurant le beau fleuve coulant à pleins bords et formant un large ruban argenté réfléchissant comme un miroir les sites pittoresques qu'il embellit.

Malgré la saison rigoureuse que nous avons et le vent glacial qui nous amène dix degrés de froid, je me rends de
temps en temps sur le pont pour jouir de la vue de ce beau
pays, et j'y resterais des heures entières si mes oreilles
glacées ne me forçaient à aller me réchauffer dans le salon,
où un bon poêle entretient une bonne et douce chaleur.
Parmi les villes qui se sont successivement déroulées sous
nos yeux, *Vienne* a particulièrement fixé mon attention.
Cette ville, placée dans une vallée entourée de montagnes
élevées, est très-gracieuse. Un beau quai la sépare du Rhône
et la protége contre ses débordements. Une quantité considérable de villas égaye les pentes des montagnes envi-
ronnantes. Le chemin de fer suit les bords du Rhône et
longe le quai du fleuve. Les cultivateurs de ce pays paraissent très-laborieux et intelligents. Ils ont formé en
pierre sèche des terrasses superposées les unes sur les
autres jusqu'à une grande hauteur, et ont établi sur ces
rochers taillés presqu'à pic des cultures de vignes, dont
quelques-unes donnent des vins remarquables. Je puis te
citer, entre autres, les coteaux qui produisent le célèbre
vin de l'Ermitage, dont la réputation est universelle. J'ai
longé ce vignoble, qui se trouve auprès de la ville de *Tour-
non*. On approche de *Valence ;* déjà on voit une haute
montagne qui l'annonce.

Me voici débarqué à *Valence.* Un portefaix me demande
à quel hôtel je veux descendre ; je lui réponds : « N'im-
porte, pourvu que ce ne soit pas dans un grand hôtel. »
J'étais encore sous la fâcheuse impression que m'avait
laissée celui de *Provence.* Il me conduisit chez son oncle,
qui tient une modeste auberge, où je trouvai bon feu et
bonne mine. Mon hôtesse mérite une description : C'est une
femme de trente-six à quarante ans, fraîche et avenante,
ayant à peine quatre pieds de haut et autant de circonfé-

rence à l'endroit le plus mince de son énorme taille. Madame Vautrain était une sylphide auprès d'elle. Elle me présenta à dîner un excellent morceau de mouton rôti au four, des pommes de terre si délicieusement accommodées que je lui ai demandé sa recette, qu'elle m'a donnée très-gracieusement et clairement. Je te la communiquerai. Mon dîner fut arrosé d'un vin du Rhône très-foncé et généreux, mais peu délicat. Après dîner je suis allé à Valence, éloignée du port où je suis logé d'une distance de dix minutes. Je ne puis rien te dire de la ville, sinon qu'il y a beaucoup de verglas et que j'ai ramassé un homme qui venait de faire une chute terrible sur la glace. Après l'avoir transporté dans la plus proche maison et lui avoir donné les premiers soins, la connaissance lui revint peu à peu, et je le laissai dans les mains d'un ami, qui se chargea de le faire conduire à son domicile. Je passai ma soirée à Valence dans un café, où je retrouvai un compagnon de voyage, charmant et bon jeune homme, avec lequel j'avais causé dans le bateau. Nous jouâmes aux dominos le prix de la demi-tasse et c'est moi qui fis les frais de la soirée. Je revins à mon auberge, où, après t'avoir complété cette lettre, je vais me coucher. Bonsoir, chère Caroline; je t'embrasse tendrement ainsi que notre chère Nana.

Ton ami,

STÉPHEN.

III

D'Avignon, le 30 Janvier 1855.

A Madame Bailly.

Ma chère Caroline, un des plus grands bienfaits de la civilisation moderne est celui qui permet d'exprimer ses pensées aux êtres chéris dont nous sommes éloignés ; ce bienfait, je le ressens plus vivement à mesure que je m'éloigne de toi : grâce à cette faculté de correspondre chaque jour, il me semble que je suis près de toi et que je te raconte les impressions que me fait éprouver la vue de pays inconnus et entièrement nouveaux pour moi. Me voici dans la ville des papes, dans cette cité si remplie de brillants souvenirs ; mais avant de t'en parler, revenons un peu sur nos pas et retournons à *Valence*, dont je n'ai pu encore te parler. Cette ville est située dans une plaine limitée d'un côté par le Rhône et de l'autre côté par les montagnes du Dauphiné. Elle est assez bien bâtie ; la rue Neuve, surtout, est bordée de maisons remarquables par leur architecture. C'est la rue centrale de la ville et la plus commerçante ; elle aboutit, d'un côté, à une porte de ville, et, de l'autre, à une assez vilaine place où se trouve l'hôtel de ville, qui ressemblerait à une grange, si ce bâtiment n'était percé de fenêtres et pavoisé d'un drapeau tricolore. La cathédrale ne répond pas à l'importance de la ville, dont la population est de dix-huit à vingt mille âmes. C'est un monument écrasé, à petites fenêtres plein cintre, et dont le portail ressemble plutôt à une forteresse qu'à une église ; l'intérieur est composé de trois nefs à voûtes plein cintre et soutenues par des colonnes de fantaisie du plus mauvais goût. Ces deux constructions sont les seuls monuments publics de *Valence*. L'entrée de la ville du côté du Rhône est mieux favorisée ; elle offre à la vue une très-belle place, bien plantée et ornée d'une très-belle statue en bronze érigée en mémoire du général Championnet, enfant de *Valence*. Une belle et large rue, bien bâtie, mène à l'embarcadère du chemin de fer. Ce que j'ai admiré dans ce pays, ce ne sont pas les œuvres de l'homme, mais celles du Créateur. D'abord ce beau fleuve, que l'on traverse sur un beau pont suspendu et élégant, puis une admirable montagne qui fait face à la ville, de l'autre côté du fleuve. Pour te donner une idée de ce magnifique tableau, figure-toi une énorme montagne minée à sa base par les érosions du fleuve, puis dont la moitié se serait écroulée et aurait laissé à nu des roches admirables de couleurs et de formes. Figure-toi voir ce spectacle par une belle matinée de printemps, un ciel pur et embelli par quelques légers nuages flottant dans l'atmosphère et qui, quoique très-élevés, ne le sont pas autant que la montagne et se dessinent en gris sur ses flancs. Cet effet, que j'avais vu en tableau, c'est la première fois que je l'admire en réalité, car c'est la première fois que je vois une montagne ; cette masse est si imposante que tout devient chétif en comparaison. Un château-fort, bâti sur son sommet, ne fait pas plus d'effet qu'un bouchon placé sur le haut d'une armoire; les œuvres de l'homme sont effacées devant celles de Dieu. Pour compléter la magnificence de ce tableau, que je ne pouvais me lasser d'admirer, les montagnes des *Cévennes*, dont on voyait les sommets mamelonnés, se détachaient en gris lilas et formaient un fond vaporeux, au milieu duquel se balançaient des nuages qui suivaient humblement les gorges des montagnes : ils n'étaient pas assez audacieux pour atteindre le sommet. Ce spectacle était pour moi si nouveau et si attachant, que je ne pouvais me lasser de le contempler, et j'aurais certainement manqué le convoi si je n'avais été averti par mon excellente et obèse hôtesse qu'il était temps de partir. Arrivé au chemin de fer et monté en wagon, je pus jouir encore quelques instants de ce beau coup d'œil ; je vis avec regret s'éloigner rapidement ma belle montagne: Quelques instants après je vis d'autres énormes montagnes se dessiner dans la direction du Dauphiné. Celles-ci ont un caractère plus sévère et plus imposant ; leur silhouette est dentelée et très-accidentée, mais la neige qui les couvre presque entièrement leur donne une froide uniformité de couleur qui attriste l'œil. Le chemin de fer de *Valence* à *Avignon* est presque entièrement établi dans une plaine fertile, où les mûriers et la vigne abondent avec profusion. La culture des premiers m'a paru laisser beaucoup à désirer. Une taille inconsidérée en a fait des arbres rabougris, ne donnant que de petites branches et ne poussant qu'à regret. Nos mûriers, quoique plantés dans un sol et dans un climat moins favorables à cet arbre que ceux de la Provence, sont bien plus vigoureux et donnent des branches bien plus longues et plus belles. Ce résultat est venu confirmer la bonté de la taille que j'ai adoptée. Je suis arrivé à Avignon à trois heures du soir. Après m'être changé, barbifié et m'être mis proprement, je suis allé voir M. Reynier, dont j'avais fait la connaissance à Paris. J'ai reçu de cet excellent homme l'accueil le plus cordial ; il s'est mis de suite à ma disposition, m'a offert un dîner que ses instances m'ont obligé d'accepter, et nous avons passé ensemble la soirée à son cercle. Je ne puis te parler encore de la ville, dont je n'ai entrevu que les remparts et l'hôtel de ville, qui m'ont paru magnifiques. Les rues que j'ai parcourues sont étroites et tortueuses ; plusieurs mériteraient le nom de ruelles. Elles sont encombrées de neige, tombée ici en grande abondance ; le dégel qui a commencé les rend presque impraticables. Le froid a été très-vif dans ce pays ; le thermomètre est descendu à onze degrés centigrades ; une pareille température ne s'était pas vue depuis plus de dix ans. Les habitants d'Avignon se servent entre eux d'une langue inintelligible pour les étrangers et, quoique tous sachent parler français, ils ne font pas usage de cette langue pour les entretiens familiers, même parmi les gens de la bonne société. La langue provençale est cadencée et assez harmonieuse ; cependant elle passe souvent au caquetage et ressemble alors au langage des perroquets. L'accent et la manière de s'exprimer sont les seules choses qui distinguent un Provençal d'un Parisien, car l'habillement et les usages sont les mêmes qu'à Paris. Je remettrai à mon retour la partie de la *fontaine de Vaucluse* que le mauvais état des chemins, devenus presque impraticables par le dégel, rendrait pénible et difficile. Je vais demain matin partir pour Nîmes, où je trouverai un ami de M. Reynier, qui me servira de cicerone.

Adieu, ma Caroline ; reçois mes tendres embrassements, ainsi que notre chère Nana.

Ton ami,

STÉPHEN.

IV

De Nîmes et d'Arles, 31 Janvier et 1er Février 1855.

A Madame Bailly.

Nîmes, le 31 Janvier 1855.

Me voici, chère Caroline, dans la ville romaine de *Nîmes*. Le chemin que j'ai parcouru d'*Avignon* à *Tarascon* traverse une plaine fertile, qui n'offre rien de pittoresque. A Tarascon, j'ai traversé le Rhône sur un immense viaduc et j'ai longé la ville de *Beaucaire*, située sur les bords du fleuve, au pied de rochers au contraire fort pittoresques, sur lesquels est construit un ancien château avec son donjon qui se détachent sur le ciel. Ce pays est charmant ; un beau soleil égayait cette vue, digne d'être représentée sur la toile. Au delà de Beaucaire, on ne voit, pendant une ou deux lieues, que des champs d'oliviers qui s'étendent à perte de vue ; ces plantations sont peu récréatives ; l'olivier, dans cette partie de la Provence, est un arbre chétif et rabougri et qui, quoique conservant ses feuilles, a une teinte monotone ; pauvres arbres que l'avidité de l'homme a dépaysés et transplantés sur un sol ingrat et sous un climat trop rigoureux ! aussi poussent-ils à regret et languissent-ils sur cette terre d'exil. Le froid violent et unusité qu'ils ont subi cette année leur a beaucoup nui; un grand nombre sont gelés. Le reste de la route que j'ai parcourue est tantôt en plaine, tantôt accidenté. Le sol en est aride, la terre labourable a peu d'épaisseur et repose, ou sur des cailloux roulés ou sur la roche; on peut, tout au plus, cultiver le quart de la superficie; j'y ai vu quelques plantations de mûriers, mais bien moins nombreuses qu'entre Valence et Avignon. Aussitôt arrivé à *Nîmes*, mon premier soin fut d'aller voir un bijoutier de cette ville pour lequel ce bon M. Reynier m'avait donné une lettre de recommandation. Il était absent; en attendant mon futur cicerone, je suis allé voir l'amphithéâtre romain qui occupe le centre d'une très-vaste place circulaire. Ce n'est pas sans un certain prestige que l'on considère les œuvres des grands hommes et des grands peuples; aussi ai-je éprouvé une vive émotion, mêlée de respect, en voyant ce monument qui a bravé tant de siècles. Sa conservation est loin d'être parfaite; le temps et les barbares l'ont mutilé en beaucoup d'endroits; cependant sa masse imposante, le ton de vétusté de ses pierres qui ne ressemble en rien à la couleur enfumée de nos modernes monuments, les végétaux qui y ont insinué leurs racines entre ses pierres, son isolement enfin lui donnent un cachet particulier qui plaît à l'œil et à l'imagination. Je n'ai encore vu que l'extérieur de ce monument; aussitôt que j'aurai joint mon cicerone je demanderai à voir l'intérieur ainsi que la Maison Carrée.

ARLES, 8 heures du soir, 31 Janvier 1855.

J'ai pu rejoindre mon cicerone, ma chère Caroline; c'est un brave homme à cheveux blancs, bijoutier à Nîmes. Il m'a d'abord fait voir une belle serre possédée par un habitant de la ville très-riche, puis une petite maison qu'il a construite, où il a fait un petit jardin et une basse-cour. Il est amateur de volailles et en a de fort belles espèces. Nous avons ensuite visité les antiquités romaines, en commençant par l'intérieur de l'amphithéâtre. C'est un immense cirque de forme elliptique, qui peut contenir à l'aise 30,000 spectateurs. Il est fort dégradé ; un grand nombre de larges bancs de pierre en ont été enlevés, de sorte qu'il ressemble plutôt à une carrière qu'à un théâtre. J'ai vu la loge des empereurs romains, celles des vestales, des gladiateurs, des animaux féroces, car c'est là que se livraient ces spectacles sanglants si chers aux maîtres du monde. Maintenant on y donne des combats de taureaux, mais où il n'y a pas de sang répandu. De là je suis allé voir la *Maison Carrée*, petit temple élevé en l'honneur d'un empereur de Rome, bienfaiteur de la ville de Nîmes. Ce temple grec, bâti par les Romains, est admirable de proportions, de noblesse et de conservation. Ses sculptures sont du meilleur goût et d'une grande richesse. J'ai admiré la beauté de ses colonnes corinthiennes et l'élégance de leurs chapiteaux. Il a été restauré avec beaucoup de tact et d'intelligence. Cette opération fait honneur à l'architecte chargé de ce soin. C'est le monument le mieux conservé que nous aient laissé les Romains. La seule chose que je puisse lui reprocher, ce sont les colonnes engagées qui règnent autour de ses murs. Si ce beau monument était placé à Paris auprès de l'église de la Madeleine, il aurait l'air d'un roquet auprès d'un boule-dogue ; dans la place qu'il occupe, il produit un très-bel effet. Poursuivant la visite des antiquités, je suis allé voir les *Bains de Diane*, temple érigé à cette déesse auprès de Nîmes et dont il ne reste que quelques ruines. Non loin de ce temple est une des plus belles sources que possède la France. Elle est dans un magnifique jardin dans le genre de celui de Versailles; les statues en marbre, les colonnes, les balustres y sont prodigués. L'eau est d'une limpidité remarquable; on voit le fond des bassins comme s'il n'y avait pas d'eau. Cette source sort d'un rocher sur lequel, à force de travail et en y transportant des terres, on a formé un jardin anglais. Sur le sommet de ce rocher est placée une énorme tour appelée la *Tour Magne;* c'est un monument de la plus haute antiquité; quoique délabrée, elle est encore d'une grande hauteur. Il faut gravir 140 marches pour arriver à son sommet, qui ne forme pas la moitié de sa hauteur primitive. De là, on a une vue très-étendue. Je ne pus en jouir pleinement à cause d'un brouillard qui couvrait la ville. Les campagnes des environs que j'ai pu voir un peu mieux sont couvertes d'oliviers. Nîmes est bien bâtie; il y a de belles promenades, des boulevards bien plantés et bordés de belles maisons comme ceux de Paris; l'entrée de la ville, du côté de l'embarcadère, a toute la majesté d'une capitale et ressemble à celle de Paris du côté des Champs-Élysées. On ne peut rien voir de plus grandiose et de plus majestueux. Toutes les maisons modernes rivalisent de beauté et de richesse avec celles de Paris. Nîmes est une ville bien intéressante comme antiquité et comme ville moderne. Je ne regrette pas les quelques heures que j'ai passées à la parcourir. La nuit venue, j'ai pris le chemin de fer et suis arrivé à Arles, où je couche et que je vais visiter demain avant de me rendre à *Marseille.*

ARLES, 1er Février.

Je viens, chère amie, de visiter l'ancienne capitale des Gaules celtiques, la ville affectionnée de l'empereur *Constantin* et que cet empereur et ses successeurs se plu-

rent à habiter et à embellir. Je l'ai parcourue en dedans
et au dehors ; je puis donc t'en parler avec connaissance.
Arles est situé au milieu d'une vaste plaine formée par
le delta du Rhône et juste à l'endroit où ce fleuve se divise en deux branches et où commence l'*île de la Camar-*
gue. Cette position sur un terrain plat lui ôte toute
apparence pittoresque. Comme sa sœur Nimes, c'est la
ville de France la mieux pourvue d'antiquités romaines.
Son amphithéâtre est imposant par sa masse et ses restes,
mais il est moins bien conservé que celui de Nimes; je
n'ai encore vu que la face extérieure. Ce monument est
bien déblayé et entouré de grilles qui empêchent les dé-
gradations des profanes. Auprès de ce colossal monument
de la magnificence romaine, se trouve un autre amphithéâtre demi-circulaire dont il ne reste que quelques gra-
dins, quelques voûtes et deux colonnes corinthiennes en
marbre surmontées de leurs chapiteaux et d'un fragment
d'entablement et d'attique. Ces colonnes, encore debout
auprès de leurs sœurs gisant sur la terre, font un merveilleux effet. Je suis logé à l'*hôtel du Forum*, nom romain qui rappelle la vie tumultueuse du grand peuple.
De mes fenêtres je vois une portion du portique d'un
ancien monument nommé le *Capitole.* Cette ruine est
parfaitement bien conservée. Elle se compose de deux colonnes corinthiennes supportant un entablement du même
ordre et surmonté d'un fronton.

La ville moderne est loin de donner l'idée de l'importance qu'elle avait autrefois. Ses rues sont étroites, tortueuses, mal bâties; beaucoup ne sont que des ruelles
infectes où l'usage des *passarès* (passez vite,—gare l'eau !)
s'est conservé comme dans le temps que la reine *Berthe*
filait. Il faut y marcher avec beaucoup de précaution pour
ne pas mettre ses pieds dans un mauvais cas. La ville

est entourée de murs et de boulevards; du côté du Rhône,
les remparts baignent leurs pieds dans le fleuve, excepté
à un endroit où se trouve un port de commerce. Au bout
de ce port commence un beau canal qui amène dans le
Rhône les navires de la Méditerranée qui ne comportent
pas un fort tonnage. J'ai visité les monuments modernes;
parmi ceux-ci l'hôtel de ville et la salle de spectacle méritent seuls une mention. Le premier est un beau bâtiment carré, dont la façade principale donne sur une place
et est ornée d'un avant-corps où deux ordres d'architecture sont superposés. L'ensemble de ce monument fait un
bon effet. La salle de spectacle est toute moderne; elle est
ornée de colonnes; l'ensemble est gracieux et rappelle
parfaitement sa destination. Elle est située en dehors de
la ville et donne sur les boulevards. Un obélisque mono-
lithe occupe le centre de la place où est bâti l'hôtel de
ville et sur les quatre faces du piédestal qui le supporte
se trouve une plaque de marbre blanc sur laquelle a été
gravée l'inscription suivante :

« Napoléon, sauveur de la patrie; il a rendu la liberté
» et terrassé l'anarchie; sous son règne les méchants
» tremblent et les bons se rassurent; nos descendants lui
» devront la gloire et le bonheur. »

Puisse cette inscription toute moderne durer des siècles!
Ici, pour la première fois, j'ai vu un costume national.
Les femmes ont eu le bon esprit de ne pas abandonner
leur coiffure; elle consiste en un petit bonnet blanc de
mousseline ou de dentelle à peu près comme ces bonnets
qu'on nomme *câlines* à Châteaurenard, et qui se trouve
entouré d'un mouchoir de soie de couleur qui ne laisse
paraître que le sommet de la tête et une partie des barbes;

encore les élégantes se contentent-elles de laisser voir le sommet et les bandeaux de cheveux qui recouvrent les oreilles. Cette coiffure n'a rien de bien gracieux ; cependant, comme elle dégage bien la tête, elle sied aux jeunes filles.

Les *Arlésiennes* sont les seules belles femmes que j'aie vues depuis que je t'ai quittée. Elles sont généralement grandes et bien faites, d'une belle carnation, ont une belle chevelure et de très-belles dents. On reconnaît à leur profil qu'il coule du sang romain dans leurs veines. Elles font un contraste frappant avec les femmes des autres villes que j'ai parcourues et qui, généralement, sont petites, laides et mal faites.

Voici l'omnibus qui vient me chercher pour me conduire au chemin de fer. Je termine ma lettre, ma Caroline, en t'embrassant de tout mon cœur.

Ton ami,

STÉPHEN.

V

A Madame Bailly.

Me voici, ma chère amie, dans la ville de Marseille, dans cette colonie grecque fondée par les Phocéens, heureux de me trouver dans un pays où j'ai retrouvé la température printanière, où je ne grelotte plus de froid et où je n'ai plus besoin de me fourrer comme un Lapon. Hier encore j'étais transi; l'air intérieur des appartements avait conservé une température glaciale.

Je suis parti d'Arles à midi; la première partie de la campagne traversée par le chemin de fer a un aspect monotone, mais fertile; c'est une riche plaine, arrosée par les ruisseaux qui découlent des Alpes; puis vient une autre plaine aride, formée de cailloux provenant des alluvions du Rhône. Rien de plus triste que cette étendue de terre à perte de vue, où la culture est impossible et où il ne croît que des ajoncs, des myrtes et des chênes verts, qui ne sont pas plus hauts que des bruyères. Cet affreux désert n'est fréquenté que par quelques troupeaux de chèvres. A moitié chemin d'Arles à Marseille, la scène change subitement : aux plaines uniformes succède une contrée montagneuse; l'étang de *Berre*, baie profonde de la Méditerranée, laisse voir son miroir qui réfléchit le ciel et les montagnes qui l'environnent. Je ne sais pas pourquoi l'on a donné à cette immense masse d'eau salée le nom d'étang, car elle communique avec la mer et sert de passage aux navires de commerce qui se rendent de la Méditerranée au canal d'Arles. Le chemin longe cette vaste baie où sont établis des marais salants, puis rejoint la mer, qu'il ne quitte guère qu'à Marseille. Deux lieues environ avant d'arriver à cette ville, le chemin s'enfonce sous une montagne et la traverse par un tunnel de plus d'une lieue de longueur ; nous avons mis sept minutes et demie à le parcourir dans la plus profonde obscurité ; on n'avait pas allumé les lampes. Au sortir de ce tunnel, le coup d'œil le plus magique se présente à la vue. Une campagne animée par un grand nombre de jolies villas appelées *bastides ;* des jardins, des plantations, un site pittoresque, une terre rougeâtre, des maisons blanches et rouges, un soleil brillant, qui donne à cet ensemble une teinte chaude et riche, inconnue aux régions du Nord, tout cela forme le premier plan du tableau. Dans le lointain, la ville et le port de Marseille, les hautes montagnes qui l'environnent, les îles qui protégent son port, le tout d'une couleur violette admirable et de formes on ne peut plus gracieuses ; enfin, pour former le fond de ce magnifique point de vue, on voit la mer argentée qui se confond avec le ciel, puis des navires, des barques aux voiles blanches et triangulaires qui la sillonnent en tous sens. De ma vie je n'oublierai ce tableau vivant que j'admirais pour la première fois. Je conçois la prédilection des peintres pour les contrées méridionales ; elles ont un caractère particulier, une couleur locale qui les mettent bien au-dessus des paysages gris et froids du centre et du nord de la France. Pourquoi n'étais-tu pas à mes côtés, mà Caroline ; pourquoi ne pouvais-tu partager l'extase dont j'étais rempli; pourquoi ne pouvais-je faire savourer à un cœur ami le ravissement que j'éprouvais? Enfin, nous arrivâmes à l'embarcadère à deux heures et demie. La délivrance des bagages dura fort longtemps. Aussitôt installé dans mon hôtel, appelé *hôtel de Pologne,* et que m'avait indiqué le bon M. Reynier, d'Avignon, je courus à la poste aux lettres. Aucune n'était arrivée, à mon grand regret. Je suis logé auprès du vieux port; je tournai mes pas de ce côté. Je vis une énorme quantité de navires de toutes les nations, une véritable forêt de mâts et de cordages. Les navires étaient placés poupe en avant et sur quatre rangs de chaque côté des quais; un petit espace restait libre au milieu du port; j'y ai vu une assez grande quantité d'hirondelles de mer au ventre blanc et aux ailes gris tendre, que je pris d'abord pour des pigeons. Elles volaient absolument comme nos hirondelles et paraissaient apprivoisées. Elles plongeaient de temps en temps pour saisir de petits poissons. Je longeai le quai droit du port, qui est bordé, d'un côté, par les navires et, de l'autre, par de belles maisons où se trouvent des boutiques de toutes sortes de marchandises, principalement à l'usage des matelots. Au bout de ce quai, qui a un quart de lieue, je trouvai un canal, que je suivis et qui me conduisit au nouveau port, appelé *port de la Joliette,* où se trouvent beaucoup de navires de commerce et particulièrement les paquebots de la Méditerranée; c'est sur ce port que je m'embarquerai dans quelques jours. Ce port est une conquête faite sur la mer, au moyen d'une digue très-haute et très-longue, qui préserve les navires de la fureur des flots et des vents. J'ai suivi le sommet de cette digue qui, pareille à la jetée du Havre, est un lieu de promenade, et d'où l'on découvre la pleine mer et les navires qui la sillonnent. J'étais favorisé par un temps magnifique. Un beau soleil animait cette scène vraiment majestueuse; je me promenai autour de ce port jusqu'à la nuit close. Vis-à-vis de moi, j'avisai une montagne élevée, surmontée d'une forteresse qui domine la ville et les ports; je compte m'y rendre pour voir l'ensemble de ce panorama. Rentré en ville, j'en parcourus quelques rues, puis je retournai à l'hôtel pour dîner. Je me trouvai à côté d'un jeune homme avec lequel je liai conversation. C'était un jeune capitaine de navire qui revenait de Crimée, où il avait conduit des troupes et des chevaux. Il était assez expansif et il me parla des beaux cafés de la ville, que nous allâmes voir ensemble. Paris n'a pas un établissement qui puisse rivaliser avec ces luxueux et somptueux cafés; dans l'un, tout est en glaces, à l'exception du carrelage qui est de marbre; d'immenses candélabres projettent une éblouissante lumière; des piédestaux garnis de fleurs artificielles, parmi lesquelles s'en trouvent de très-jolies, formées avec des jets de flammes de gaz. Tout cela est répété mille fois par les énormes glaces qui tapissent les murs du café et produit un merveilleux effet. Les tables mêmes sur lesquelles on sert les rafraîchissements sont recouvertes avec une glace. C'est un luxe éblouissant dans toute la force du terme. Ce café est nommé le *café Turc* et est servi par des garçons au costume oriental. L'autre café est moins prodigue de glaces, mais il étale des peintures à l'huile admirables et des fleurs en flammes à profusion. On ne sait auquel donner la préférence. J'ai quitté sur les huit heures et demie mon jeune capitaine, que je ne reverrai peut-être jamais et qui m'a conté l'histoire de sa vie et de ses voyages. J'ai continué ma visite de la ville et me suis accroché à un Marseillais, qui a eu l'obligeance de me servir de cicerone et de me faire voir pendant deux heures les principales rues et promenades de Marseille, dont je te raconterai l'impression. Tu vois que, pour le premier jour je n'ai pas perdu mon temps.

Marseille est, après Paris, la plus belle ville de France que j'aie encore vue. Ses rues sont larges et tirées au cordeau, bordées de beaux trottoirs et de magnifiques maisons; plusieurs de ces rues sont ornées de plantations, comme sur les boulevards de Paris, avec cette différence que la partie du milieu est réservée aux piétons. Ces rues plantées portent le nom de *cours*. J'ai mesuré la largeur du grand cours, qui est situé dans la partie centrale de la ville; il a cent vingt pieds; sa longueur est de près d'une demi-lieue; cette belle promenade est prolongée à l'est par la rue de Rome, qui aboutit en droite ligne à une place circulaire, dont le centre est orné par un magnifique arc de triomphe, décoré lui-même de beaux bas-reliefs, de sculptures et de colonnes. Ainsi, le cours, prolongé par les rues de *Rome* et d'*Aix*, a plus d'une lieue de longueur et suit une ligne droite, dont le gaz forme deux guirlandes de feu à perte de vue. Cette grande artère est coupée à angle droit par d'autres rues tout aussi belles; la rue *Cannebière*, qui conduit du grand cours au centre du vieux port, a une largeur que n'a aucune des rues de Paris. C'est dans cette rue que se trouvent ces magnifiques cafés dont je viens de te parler. Presque toutes les rues de la ville sont, comme je l'ai déjà dit, tirées au cordeau, d'une belle largeur et bien bâties. Il existe un passage formant bazar, qui est très-large, orné avec un grand luxe et garni d'une galerie au premier étage. On y a inutilement dépensé beaucoup d'argent, car la moitié des boutiques est déserte. Les maisons de la ville sont hautes et bien bâties; elles n'ont pas cet aspect enfumé des constructions de Paris et surtout de Lyon. L'atmosphère étant ici rarement chargée de brouillards, la poussière et la fumée ne s'attachent pas sur les façades. Aussi les pierres y prennent-elles un ton chaud, qui ne ressemble pas au triste aspect des villes du Nord.

La population de Marseille est une race forte et vigoureuse ; les hommes sont grands, bien bâtis et capables de supporter un rude travail ; les femmes sont généralement grandes et puissantes ; on ne peut savoir si elles sont bien faites, car elles n'ont pas le moindre goût dans leur habillement et ressemblent à un paquet : c'est en vain que j'ai cherché dans leur profil quelques traces du sang grec ; leur figure est commune, leurs traits un peu durs et leur expression annonce une hardiesse qui sied mal au beau sexe ; les nez retroussés sont très-communs ; elles ont généralement l'air trop masculin. Les jolies femmes sont ici une très-rare exception.

Ce matin, à mon lever, je suis allé prendre un bain, dont j'avais besoin comme rafraîchissement et soin de propreté. Les baignoires de l'établissement ne ressemblent en rien à celles de Paris ; elles sont en marbre blanc et carrées ; elles contiennent deux fois autant d'eau que celles de la capitale ; les cuivres des robinets sont aussi recouverts de plaques du même marbre : on voit qu'on est sur le chemin de l'Orient. Je suis retourné à la poste en revenant à l'hôtel et je n'y ai pas trouvé de lettres. Je me suis mis à t'écrire ; puis je suis allé faire un tour de quai et suis monté sur la montagne de *Notre-Dame de la Garde*. Le ciel était couvert et le temps peu favorable à la vue du panorama qui se développait à mes yeux ; cependant je pus en saisir l'ensemble et voir tous les environs ; c'est un admirable coup d'œil, qui doit être ravissant par un beau soleil. Ce qui m'a étonné, c'est que, malgré l'absence des rayons solaires, la campagne, les maisons et les montagnes avaient conservé cette teinte chaude et méridionale qui avait fait mon admiration. En apercevant hier les environs de Marseille, j'ai cru me rendre compte de cet effet, en reconnaissant que la température sèche de l'atmosphère ne permettait pas aux mousses et autres petits végétaux, comme les lichens et conferves, de couvrir et de salir les toits, les murailles et les roches. Tout conserve ici sa couleur primitive : les tuiles sont rouges, comme en sortant du fourneau ; les rochers sont jaunes ou gris ; le bois, la pierre, tout semble neuf ; les troncs d'arbres ont l'écorce lisse et sont dépourvus de mousse. Quand un rayon de soleil vient éclairer ces objets, cela a un éclat inouï et qui, pour un habitant du Nord, produit un effet tire-l'œil. Ce qui caractérise particulièrement les constructions méridionales, ce sont les toits peu élevés de ces maisons, recouverts de tuiles italiennes. Pour un œil qui n'y est pas habitué, ces couvertures paraissent écrasées et ressemblent à des rangées de pots à lait que l'on aurait mis sécher au soleil; mais peu à peu la vue s'y fait, et l'on finit par les trouver plus gracieuses que nos toits pointus et couverts de mousse des contrées septentrionales.

J'ai fait aujourd'hui mes préparatifs de départ pour Toulon. Je pars demain à midi et dois être rendu à cette destination à six heures du soir. On m'a prévenu que je traverserais un pays très-pittoresque; aussi, pour le mieux voir, j'ai retenu une place de banquette. Grâce à ma mission, j'ai pu obtenir un passe-port à l'étranger pour me rendre à Nice; sans cela, n'étant pas connu ici, les difficultés auraient été si grandes, que je crois qu'il m'aurait fallu y renoncer. J'espère avant mon départ recevoir une lettre de toi.

Adieu, chère amie de mon cœur, chère moitié de moi-même; je t'embrasse bien tendrement, ainsi que notre chère Nana.

STÉPHEN.

2*

Encore un mot, chère amie, avant de fermer ma lettre. Ce matin, aussitôt levé, je me suis rendu au port pour respirer l'air de la mer et me préparer à mieux déjeuner ; l'envie me prit de visiter la vieille ville, la presqu'île montueuse où s'établirent les premiers Phocéens. C'est le revers de la médaille. Tout ce que je t'ai dit de la beauté, de la régularité et de la richesse de la ville nouvelle, peut être pris entièrement au rebours. Cette partie considérable de Marseille n'est qu'un assemblage de ruelles tortueuses, mal pavées, infectes et dégoûtantes. Figure-toi l'ancien quartier de la Cité de Paris, tel qu'il était il y a cinquante ans ; la seule différence qu'il y ait, c'est que la vieille ville de Marseille est construite sur un terrain montueux et que plusieurs de ses ruelles sont en escalier. Dans cet endroit, si arriéré en civilisation, le gaz n'a pas encore osé faire son apparition et les rues sont éclairées par des réverbères. En traversant un marché, j'ai vu une espèce de comestible qui m'était entièrement inconnu : c'est un *oursin*, que l'on nomme ici *châtaigne de mer* ; l'envie me prit de déguster ce mollusque et j'en achetai une douzaine pour la somme de quinze centimes. Je ne pus en avaler un entier ; c'est un goût amer détestable, et j'en ai encore mal au cœur ; j'en fis un généreux cadeau à un moutard, qui ne se fit pas prier pour accepter le reste de ma provision.

Donne-moi, je te prie, le détail des travaux que l'on aura exécutés aux Motteaux, car la vue des pays nouveaux que je parcours ne me fait pas oublier notre chère propriété.

VI

De Toulon, 4 Février 1855.

A Madame Bailly.

Ma chère Caroline, depuis huit jours je n'ai pas reçu de
lettres de toi; ce temps me semble bien long. Je suis bien
persuadé que tu m'as écrit plusieurs fois, mais rien ne m'est
parvenu, chère amie, et c'est inutilement que je me suis
présenté à la poste de Marseille. Je vais encore rester plusieurs jours sans nouvelles, car j'ai reconnu l'impossibilité
de faire suivre mes lettres, vu le grand nombre de nos homo-
nymes. Ce n'est donc qu'à mon retour de Marseille que
j'aurai le plaisir de lire les traits chéris tracés par la main
bien-aimée. Je suis parti hier de Marseille par la diligence;
j'avais pris une place de banquette pour pouvoir admirer à
mon aise les beaux sites qui m'avaient été signalés. Cette
précaution m'a peu servi; le temps s'est mis à la pluie et a
borné d'une manière très-gênante l'horizon que je décou-
vrais; puis la nuit est arrivée qui a dérobé presque complétement à ma vue les sites les plus pittoresques de la route;
cependant je vais tâcher de te raconter le peu que j'ai pu
voir.

La route impériale qui conduit de Marseille à Toulon a
usurpé un nom qui ne lui appartient pas; c'est plutôt un
chemin vicinal qu'une route; deux voitures à peine peu-

vent y passer de front. Elle suit les sinuosités des ravins qui se sont frayé un passage au travers d'énormes montagnes, où ne croissent que quelques pins rabougris ; elle a été prise, partie aux dépens des ravins, et partie à ceux des montagnes rocheuses qui la surplomblent en plusieurs endroits. C'est très-pittoresque, mais très-triste. J'ai traversé une petite vallée où l'industrie agricole s'est bornée à la culture du câprier ; mais ensuite, la nuit étant venue, elle m'a empêché d'admirer les *gorges d'Ollioules*, que nous avons suivies pendant l'espace d'une lieue environ. Tout ce que j'ai pu voir, c'est que nous avons tenu un chemin encaissé dans des montagnes rocheuses, taillées à pic et dérobant à l'œil la vue du ciel. Ce chemin fait de brusques sinuosités et présente au-devant du voyageur une muraille de deux cents mètres environ d'élévation, que l'on s'imagine devoir traverser dans un souterrain ; puis, le chemin tourne brusquement et continue ainsi en suivant les anfractuosités de la montagne. Enfin nous sommes sortis de cette affreuse gorge où un détachement de soldats pourrait barrer le passage à une nombreuse armée. Ici un paysage plus riant devait s'offrir à ma vue : des jardins en terrasse et plantés d'orangers bordent la route ; j'ai passé devant sans les apercevoir ; j'espère m'en dédommager à mon retour à Marseille. Je suis arrivé dans le premier port de guerre de l'empire français ; il était trop tard pour penser à m'y promener ; j'ai donc soupé et couché à l'*hôtel du Nord*. Ma nuit n'a pas été heureuse, le mal de dents a troublé mon sommeil d'une manière fort douloureuse. Il est résulté de cette insomnie un mal de tête et une fatigue que je n'avais pas encore ressentis depuis mon départ des Motteaux. Il a plu toute la nuit ; ce matin, la pluie tombe encore, et ce n'est qu'à l'aide d'un parapluie que j'ai pu parcourir la ville et visiter le port de commerce. Malgré ce mauvais temps, la température n'est pas froide et l'on ressent ici la même tiédeur atmosphérique que dans les temps pluvieux qui nous surviennent dans les mois de mai et de juin. Il est onze heures ; je vais faire ma toilette pour aller présenter mes hommages aux habitantes du château de *Missiessy*, où j'arriverai probablement à la sortie de la messe.

Je suis allé au château de *Missiessy*, qui est situé sur le bord de la mer, dans une délicieuse position ; les jardins et le château sont mal entretenus. J'y ai vu madame *de Maussion* et sa fille, madame *de Guilbon*, madame *Du Châtelet* et mademoiselle *Béatrix*. J'ai reçu de ces dames un accueil bienveillant et affectueux. M. *Du Châtelet* était à Toulon, où je suis retourné, espérant l'y trouver chez une de ses parentes. Ne le trouvant pas, je reviens à l'hôtel, en attendant l'heure du dîner chez nos voisines, qui m'ont engagé à dîner à *Missiessy*, et je profite d'un instant de liberté pour te parler de Toulon. Cette ville est bâtie auprès d'une magnifique baie pouvant contenir un grand nombre de vaisseaux ; elle est fortifiée et a une double enceinte. Ses rues sont étroites et ses maisons très-élevées, ce qui lui donne un aspect un peu sombre ; de ma chambre, située au premier étage, c'est à peine si j'y vois, même en m'approchant de la fenêtre. Il y a cependant quelques rues qui sont belles et larges ; celle de *Lafayette*, entourant la moitié de la ville, est la plus belle ; elle est plantée de deux rangées d'arbres. Le port de commerce est grand et beau ; je n'ai pu voir celui de guerre, à cause du dimanche ; c'est ce qui m'aurait le plus intéressé. La ville est ceinturée du côté de la terre par des montagnes très-élevées ; la pluie, qui n'a pas cessé de tomber toute la journée, m'a empêché d'y faire la promenade que j'avais projetée ; je le regrette ; car de cet endroit j'aurais eu un très-beau panorama. La ville est assez bien pourvue de fontaines, mais elles n'ont pas un caractère monumental et ne fournissent pas l'eau avec assez d'abondance; on dirait que ce sont de petits jets d'eau pour les enfants. Je n'ai vu aucun monument qui mérite d'être mentionné. La quantité de marins qui circule dans les rues et sur le quai du port est très-considérable; ils sont tous habillés avec un pantalon et un paletot d'uniforme en gros drap bleu; ils ont le col de chemise rabattu et sont coiffés d'un petit chapeau en cuir, sur lequel est inscrit le nom de leur navire.

Je suis allé dîner au château de *Missiessy,* et je me suis retiré de bonne heure, parce que ces dames allaient en soirée. J'ai fait la connaissance du fils et de la fille de madame de Maussion. Le premier est un homme grand, tournure distinguée, et presque chauve; on lui donnerait plus de quarante ans; il a le grade de capitaine de frégate; il arme un bâtiment et va partir pour l'Orient. La demoiselle est une jeune personne de quinze ans, à laquelle on donne beaucoup plus, et qui paraît plus âgée que Nana. J'ai vu M. Du Châtelet, toujours bon et excellent jeune homme. J'ai retenu une place et je pars demain pour Draguignan, ville où je trouverai une correspondance pour Nice. C'est un voyage un peu fatigant; il faut rester vingt-quatre heures en voiture.

Adieu, chère amie; plus je m'éloigne de toi et plus mon cœur se serre. Si je n'avais promis à nos bons voisins qui m'attendent, je serais parti de suite pour l'Algérie, afin de revenir plus tôt auprès de toi. Je m'ennuie bien de ne pas te voir et de ne pas recevoir tes chères lettres.

Ton ami,

STÉPHEN.

VII

De Nice, le 7 Février 1855.

A Madame Bailly.

Voici deux jours que je n'ai pu t'écrire, ma Caroline; ce temps me semble bien long. Quand je puis te raconter ce que je fais, te décrire les beaux sites qui font mon admiration, il me semble que je suis près de toi, et que tu m'écoutes auprès de notre bon foyer des Motteaux. Aussi est-ce une douce illusion que je me procure toutes les fois que j'en trouve le loisir. Je t'ai raconté ma journée passée à *Toulon* par une pluie qui a duré toute la journée. Dans la nuit le vent changea; il vint du nord, balayant les nuages et laissant la lune briller de tout son éclat. Je montai en voiture à neuf heures du matin, par un temps magnifique, mais très-froid; je n'avais pas trop de mon manteau et de mes bottes fourrées pour m'en garantir. Que de services ces deux indispensables compagnons de voyage m'ont déjà rendus! Les environs de *Toulon* sont égayés par de nombreuses villas ou *bastides* (pour me servir de l'expression consacrée), étagées de place en place sur le revers méridional des montagnes qui environnent la ville. Les arbres qui entourent ces maisons de campagne sont presque tous des oliviers et des cyprès, ce qui de loin fait un peu ressembler cet amphithéâtre de verdure à un vaste cimetière. A peu de distance de la ville on abandonne la mer, et la route suit un pays montagneux qui est presque entièrement planté de mûriers, d'oliviers, de vignes et de figuiers; l'on découvre parfois des sites admirables. La main de l'homme a défriché les montagnes partout où la température permet à l'olivier de venir; au-dessus se trouvent des forêts de pins rabougris qui en couronnent les sommets. Enfin nous arrivâmes à *Draguignan*, chef-lieu de département du *Var;* je n'ai fait que traverser la ville et y manger un morceau. Nous nous sommes remis en route pour Nice. Depuis deux jours je souffrais beaucoup du mal de dents et j'avais passé deux nuits sans dormir; les douleurs s'accrurent en route et devinrent intolérables, et je passai la nuit dans d'horribles souffrances. Dans l'agitation où me mettait la douleur je me frappais la tête contre les parois de la voiture, et je le fis si malheureusement, que je cassai le carreau de vitre qui était à ma portée; il vola en éclats, et je reçus de ce côté un vent de bise qui ne fit qu'augmenter mes souffrances. Enfin nous traversâmes les villes de *Cannes* et d'*Antibes*, et arrivâmes à la douane du pont du Var, qui forme la limite de la France et de la Sardaigne. Là, nous mîmes pied à terre et je vis deux superbes orangers plantés en pleine terre et garnis de fruits parvenus à maturité. C'étaient les premiers que j'eusse vus de ma vie. Nous traversâmes le pont du Var, et nous nous trouvâmes en pays étranger. En Sardaigne, nouvelle visite à la douane et nouvelles formalités, qui nous prirent une demi-heure; enfin nous remontâmes en voiture, et j'eus lieu de remarquer le long du chemin une végétation qui m'était inconnue, telle que haie d'agavés americana et plantations d'orangers en pleine terre. J'admirai aussi la belle végétation des oliviers; ici ce ne sont plus ces pauvres exilés, ces arbres rabougris que j'avais vus près d'Avignon ; ils prennent un beau développement. J'en ai vu qui atteignent la grandeur de nos noyers, et qui, dans certaines années, produisent pour cent ou cent cinquante francs de fruits par pied ; c'est la principale production du pays ; aussi ces arbres, d'un si bon rapport, sont-ils multipliés autant que possible, et sont l'objet des soins des cultivateurs. On m'en a cité un dont le tronc avait trois mètres de circonférence. Le bois de cet arbre a le grain très-fin et bien veiné. On en fait de jolis meubles. A neuf heures, la voiture s'arrêta à l'*hôtel d'York*, placé au centre de la ville. Après avoir fait ma barbe et avoir déjeuné, je m'informai de la demeure de nos voisins et, j'allai les voir. Ils me firent l'accueil le plus affectueux ; nous parlâmes de tous les êtres chéris que nous avions laissés dans le canton de Châteaurenard ; puis, me sentant accablé de fatigue par suite de mes trois nuits d'insomnie et de mes douleurs de dents, j'allai me jeter sur mon lit, où je dormis deux bonnes heures ; puis j'allai dîner à l'*hôtel du Nord* qu'habitent nos voisins. Mes maux de dents avaient cessé ; mais une grande fatigue et un abattement général leur avaient succédé ; je me couchai donc aussitôt après dîner, et je dormis parfaitement jusqu'à trois heures du matin. Ce repos réparateur me fit un bien extrême.

Le temps d'hier fut très-vilain à *Nice* ; il tomba toute la journée une pluie abondante et froide, qui me donna une bien mauvaise opinion de ce climat trop vanté. Le temps était pareil à celui que nous avons en mars au moment des giboulées ; une pluie froide, accompagnée d'un vent glacial qui pénètre les vêtements et refroidit jusqu'à la moelle des os. Tous les habitants étaient couverts de leurs cabans ou de leurs manteaux, comme on l'est ordinairement à Paris au plus fort de l'hiver. Je puis dire qu'à deux ou trois jours près, je n'ai pas vu de différence de température avec celle que nous ressentons aux Motteaux, et j'ai souffert beaucoup plus du froid, n'ayant pas d'appartement aussi bien chauffé que les nôtres.

Ce matin j'ai opéré mon déménagément, et suis venu m'installer dans l'hôtel que nos voisins habitent; j'y ai une chambre charmante, meublée très-confortablement, et même avec coquetterie; elle a été choisie par cette bonne madame *de Pibrac*, qui veut que je me trouve aussi bien que possible. De mes fenêtres je vois la mer et la plage qui la borde jusqu'à la mer d'*Antibes*. Je t'écris au bruit monotone que fait la vague en se brisant sur les galets de la plage, et si le temps le permet, je te dessinerai la belle perspective qui se présente à mes regards. Aujourd'hui le temps est magnifique; je me suis levé avant le soleil et me suis rendu sur une montagne qui domine la ville, d'où je puis juger de l'ensemble du panorama; mais cela serait trop long à te raconter, et ça fera le sujet d'une autre lettre. Je ne compte rester que quatre ou cinq jours à *Nice*; ainsi, chère amie, écris-moi dorénavant poste restante à Alger; aie soin d'ajouter mes prénoms à mon nom de famille; cela écartera toute confusion et me permettra de faire suivre mes lettres partout où j'irai. Je t'envoie une petite branche de myrte cueillie dans un rocher de *Villafranca*, et pour Nana une petite fleur de giroflée jaune que lui envoie madame *de Pibrac*. Adieu, toutes deux que j'aime tant; recevez mes tendres embrassements.

Tout à toi, STÉPHEN.

VIII

De Nice, le 10 Février 1855.

A Madame Bailly.

Je reçois ta lettre tant désirée, ma chère Caroline; c'est la seconde depuis mon départ des Motteaux. Je vois d'après celle-ci qu'il en est resté une à Marseille, que je trouverai en passant dans cette ville avant mon embarquement. Combien elles me manquaient ces bonnes lettres que je reçois si rarement! Je sais que tu m'aimes toujours bien et que tu m'écris souvent; mais la vie errante que je mène est cause qu'elles ne me parviennent pas comme je le désirerais. Ma santé est toujours excellente et il me semble être rajeuni de vingt ans. Pourquoi faut-il acheter cette bonne santé par tant de privations! Tu fais bien de ne pas te rendre aux désirs de la famille G.., et de rester aux Motteaux; je comprends d'autant moins l'insistance de cette famille, que le jour de mon départ de Paris il a été convenu que l'on attendrait mon retour pour terminer cette affaire.

J'ai reçu d'*Émile* une lettre adressée ici et datée du premier du mois. Ce bon garçon me fait part de l'espérance qu'il a de venir aux Motteaux dans la huitaine; je pense donc qu'il se trouve actuellement auprès de toi.

Je pars demain matin pour Marseille. Aujourd'hui j'ai fait une ascension au *mont Chauve*, pic fort élevé, d'où l'on a une vue magnifique. Cette course longue et fatigante m'oblige à finir ma lettre et à me coucher de bonne heure pour réparer mes forces épuisées. Je t'embrasse donc tendrement, chère amie, ainsi que notre bon *Émile* et notre chère Isabelle. Un autre jour je vous ferai la description de mon ascension.

Tout à toi. — Ton ami, STÉPHEN.

Mille amitiés de ma part à nos bons voisins.

DE MARSEILLE, le 12 Février 1855.

J'arrive à l'instant même en cette ville : mon premier soin a été d'aller à la poste, où j'ai eu le bonheur de trouver tes deux lettres tant désirées, l'une du 1er février et l'autre du 9 du même mois. Je regrette bien les ennuis que des êtres malintentionnés t'ont procurés en voulant t'effrayer pendant la nuit. Je crois que ce sont des rôdeurs de nuit de Châteaurenard, qui nous ont déjà fait quelques méfaits.

Mon retour ici n'a pas eu lieu sans fatigue; cinquante-cinq lieues en voiture dans un pays de montagnes et par une pluie continuelle, mélée d'orage et de grêle, c'est peu récréatif; ma santé, heureusement, n'en a pas été altérée. Je me coucherai de bonne heure et une bonne nuit va réparer cela. Je vais aller chez la sœur de Cotta j'irai aussi voir M. Letellier, mon ancien coiffeur; puis, je ferai mes préparatifs de départ pour Alger. Je m'embarquerai le quinze de ce mois. J'ai bien des choses à te raconter, et je profiterai des deux jours que je passe ici pour t'écrire cela. Je t'embrasse de nouveau, chère amie de mon âme.

STÉPHEN.

IX

A Madame Bailly.

Ma chère Caroline, il me tardait de revenir à Marseille pour partir le plus tôt possible pour Alger et hâter ainsi mon retour près de toi.

Me voici donc une seconde fois dans cette belle ville de Marseille. Je suis allé voir madame *Dominique*, sœur de Cotta; c'est une femme plus âgée que son frère, qui a dû avoir une charmante figure, mais qui est bossue, nouée et très-petite. Elle et son mari me paraissent de très-bonnes gens. Quand ils ont su que je restais ici jusqu'au 15, ils ont mis tant d'instance à m'inviter à dîner, que j'ai accepté pour demain. Ils n'ont autre chose à dire à leur frère que tous deux sont très-bien portants, ainsi que leur chat, qu'ils m'ont montré et qui est un énorme et magnifique animal. J'ai rempli les formalités relatives à mon embarquement, qui aura lieu jeudi prochain, 15, à midi. Je ne connais pas encore le bâtiment qui doit me conduire à Alger. J'ai fait des démarches pour trouver M. Letellier; jusqu'à présent, elles sont restées infructueuses.

Je viens de dîner, chère amie, à mon modeste *hôtel de Pologne*, où il y a un restaurant à la carte; j'ai pu manger à mon goût deux plats copieux qui m'ont bien refait et qui ne me coûteront que la moitié de ce que j'aurais dépensé à Nice en ne mangeant que des léchettes de mets que je n'aime pas; puis, j'ai la liberté de sortir de table quand je veux et d'y rester aussi longtemps que je le désire.

(Suivent quelques recommandations pour les travaux de la basse-cour et de la ferme de la terre des Motteaux.)

Les serres doivent être bien jolies maintenant; profites-en bien et jouis-en pour nous deux. Conserve les plus beaux pieds de primevères de la Chine pour nous faire de la graine, et recommande à Joseph de les mettre en pleine terre dans la plate-bande. Ici on ne voit aucune fleur, excepté celles des amandiers; la saison est, dit-on, très-retardée et je ne vois aucune avance sur nos pays pour la précocité de la végétation de ce climat trop vanté; je ne ressens que le froid; je ne sais si je trouverai le printemps en Algérie et si je serai plus heureux qu'en France sous ce rapport. Ces beaux pays que je parcours sont loin de valoir le nôtre. Ici, on ne récolte que de l'huile, du vin et de la soie. La terre manque aux habitants et, malgré toute leur industrie, ils mourraient de faim s'ils ne faisaient venir de l'étranger ou des autres départements les denrées indispensables à l'existence. Le pain vaut onze sous le kilogramme; le vin, quatorze, dix-huit ou vingt-quatre sous le litre, suivant sa qualité. Les paysans sont trop pauvres pour manger du pain; ils se nourrissent de féveroles, de maïs et de légumes; ils mangent des topinambours, depuis que la maladie des pommes de terre les prive de ce précieux tubercule. Ils n'ont pas de bois et ramassent parmi les rochers de chétifs arbrisseaux. Il faudrait que les habitants de nos pays vissent cette misère; c'est alors qu'ils se trouveraient bien heureux. Il n'y a rien de tel que notre pays pour vivre dans l'abondance. La mer ne vient pas ajouter ici quelque chose à la nourriture de l'homme ; elle ne produit que des anchois, assez bon petit poisson, mais cher et peu nutritif. On ne voit pas, comme dans la Manche et l'Océan, tous ces beaux et excellents poissons si nombreux, ces crustacés, ces coquillages qui font vivre les habitants des côtes de la Normandie et de la Bretagne. Rien ici que quelques oursins qui font soulever le cœur. C'est un triste pays pour un gourmet ; avec de l'argent, on mange des huîtres venues de Normandie, mais il n'est pas permis à tout le monde d'aller à Corinthe. Ce soir je suis allé voir un capitaine au long cours, dont j'avais fait la connaissance à l'hôtel ; j'ai passé avec lui une partie de la soirée ; c'est un jeune homme qui a beaucoup voyagé et dont la conversation est intéressante et instructive. Puis, je suis allé me promener un instant sur le port et le cours et je suis revenu t'écrire un mot avant de me coucher. Il est onze heures, je vais me coucher, ma Caroline, et te souhaiter une bonne nuit.

Mardi 13 Février, au matin.

Le temps a bien changé, ma Caroline ; la soirée d'hier avait été très-belle, et ce matin la pluie tombe à verse ; on dirait que le temps a une maladie intermittente ; une belle journée est constamment suivie d'une journée pluvieuse et vice versa ; on n'a donc que trois ou quatre jours de beau temps dans la semaine. Les habitants de la campagne s'en réjouissent comme présage d'une bonne année. Si le temps ne se remet pas, je serai obligé de rester à l'hôtel une partie de la journée, et j'en profiterai pour rétablir mon arriéré et t'écrire une longue lettre ; ce sera presque une journée passée aux Motteaux, à te raconter mes excursions de Nice au fort de *Montalban* et à la montagne du mont *Chanve*. Je crois cependant que le temps s'élèvera, car la fumée des cheminées m'indique que le vent vient du nord-est.

Je vais donc te raconter, chère amie, deux excursions que j'ai faites dans les environs de Nice. Je partis de cette ville accompagné de nos voisins, pour faire une promenade le long de la rade ; nous doublâmes la pointe qui sépare la ville du port de Nice ; puis, après l'avoir traversée, nous nous acheminâmes vers la montagne sur laquelle est construit le fort de *Montalban*, qui domine le port, la ville et la rade. A l'endroit où commence le sentier escarpé, nos voisins me quittèrent pour aller faire des visites. Je continuai à monter jusqu'à une batterie établie sur le revers oriental de la côte. Là je vis un brave homme qui habitait une maisonnette et qui épluchait des légumes ; je m'informai si j'étais dans le bon chemin ; puis, voyant un petit jardin rempli de géraniums, de plantes grasses, d'héliotropes et autres fleurs que nous avons bien de la peine à conserver en serre, j'entrai en conversation avec lui. J'appris qu'il habitait depuis dix-huit mois ce lieu solitaire, d'où il veillait à la sûreté de l'État. Je le pris pour un douanier ; mais ce vieux soldat, indigné d'une telle comparaison, me dit : « Monsieur, entre un douanier et moi » il y a autant de différence qu'entre le soleil et la lune ; » regardez les boutons de mon uniforme, vous n'y verrez » pas de sondes en relief, mais deux beaux canons qui » vous prouveront que je fais partie de l'artillerie royale » et que j'ai l'honneur d'être commandant de cette bat- » terie. » Il me montrait d'un geste orgueilleux une redoute armée de trois pièces de canon, dont deux gisaient à terre et dont une seule était montée sur un affût. Je reconnus immédiatement ma méprise ; j'avais involontai-

rement humilié un défenseur de la patrie. Je tâchai de
réparer mon erreur en lui faisant mon compliment de son
grade et de la confiance que lui témoignait son gouvernement en abandonnant à son courage et à sa vigilance le
salut de son pays. Je lui dis : « Vous devez avoir un
» beau traitement. » Il me répondit : « C'est honorable,
» mais peu lucratif ; j'ai, par jour, une livre de pain et
» cinquante centimes ; vous concevez que les vivres étant
» si chers maintenant, c'est tout au plus si j'ai de quoi
» manger ; quant à boire du vin, il n'y faut pas penser ;
» il coûte quatorze sous le litre, encore le moins cher. »
Au risque de faire subir une nouvelle humiliation à
l'artillerie du roi de Sardaigne, je glissai dans la main de
mon commandant deux pièces de huit sous pour boire à
la santé des Français. Mon audace eut un plein succès ;
il prit fort bien la chose, me remercia de ma générosité et
voulut absolument m'accompagner jusqu'au fort de *Montalban*, laissant à la disposition de l'ennemi et sa batterie
et sa poudrière. Chemin faisant, il me dit : « Monsieur,
» il n'y a rien de tel que les Français pour être généreux.
» Dernièrement il passa par ici deux Anglais avec deux
» dames ; j'eus la complaisance de les accompagner pour
» leur montrer un chemin où celles-ci ne déchireraient
» pas leurs robes. Un des Anglais me remit deux sous en
» me priant de lui acheter deux cigares à Villefranche,
» et, pour toute gratification, il m'en donna un en me
» disant : « Es-tu content, mon ami ? Je sais récompen-
» ser votre complaisance. » Monsieur, j'ai voulu faire
» sentir à ce particulier sa ladrerie et je lui ai répondu :
» Milord, je vous remercie beaucoup de votre générosité
» et je vanterai partout la prodigieuse munificence des
» Anglais. Monsieur me demandait si j'étais content ! Il
» y avait bien de quoi, ma foi. »

Je m'installai au sommet de la montagne et me mis à dessiner deux croquis ; mon brave militaire ne voulait pas me quitter ; il dérangeait les pierres qui gênaient mes pieds, me faisait un paravent de son corps ; je ne savais plus comment m'en débarrasser ; mes quatre-vingts centimes avaient fait sa conquête. Enfin, me sentant glacé par le vent froid qui soufflait, je repris le chemin de *Nice*, suivi des bénédictions de ce brave et digne artilleur de Sa Majesté le roi de Sardaigne.

Ma seconde expédition était l'ascension du mont *Chauve* ; ce pic élevé, le point culminant du pays, se dressait devant moi comme un cauchemar. Un attrait irrésistible m'entraînait à sa cime ; en conséquence, samedi matin, je me levai de bonne heure, en me promettant une bonne promenade et un bon appétit pour le déjeuner. Me voici dirigeant mes pas vers le nord. Après avoir marché plus d'une heure, je traverse les ruines d'un cirque romain. La campagne plantée d'oliviers, grands comme des noyers, dérobait à ma vue le but de ma promenade ; je montais toujours ; enfin j'aperçus un village et je demandai mon chemin. Un jeune curé faisait sa visite pastorale ; je m'adressai à lui ; il me dit que le mont *Chauve* était encore fort loin et que je ne pouvais m'y rendre qu'avec un guide ; il eut la bonté de m'en procurer un. « Vous serez bien fati-
» gué, me dit-il, et vous aurez besoin de vous rafraîchir ;
» venez me voir à votre retour et je vous ferai goûter du
» vin de ma récolte. » J'acceptai cette gracieuse invitation. Me voici, suivant mon guide par un sentier escarpé et taillé en escalier, qui nous conduisit à une forêt de pins rabougris, venus dans les fissures des rochers. Là toute trace humaine disparaît ; il faut se frayer un passage au milieu des rochers, des lentisques et des romarins. Après une heure et demie de marche fatigante, nous parvînmes à la

base du pic. Un froid piquant et un vent violent régnaient
à cet endroit, d'où la vue embrassait un immense horizon.
Mon guide me déclara que le vent était trop fort pour tenter
l'ascension et qu'il y avait du danger à monter davantage.
Je ne me laissai pas épouvanter par ses paroles et je lui dis
que s'il ne voulait pas me conduire, je monterais tout seul.
Enfin il se décida et, après nous être reposés un quart
d'heure, nous escaladons les rochers : ce n'était pas chose
facile ; il fallait un jarret de fer et souvent s'aider avec ses
mains. A mesure que nous montions, le vent s'apaisait et
enfin, après trois quarts d'heure, nous parvînmes au sommet de cet escalier gigantesque. Un calme presque parfait
y régnait ; je vis que mon guide, voulant s'épargner la fatigue d'une aussi haute ascension, avait donné le prétexte
d'un danger imaginaire. Je fus bien récompensé des peines
que je m'étais données ; un magnifique spectacle s'offrait
à ma vue, un de ces tableaux inconnus à ceux qui n'ont pas
vu les pays de montagnes. Ma vue s'étendait à trente lieues
au moins à la ronde. A mes pieds je voyais la ville, la rade
et le port de Nice ; à droite le Var, dont je pouvais compter
les cailloux ; puis, au delà, la terre de France et, en allon-
geant un peu le bras, j'aurais pu toucher la main d'un com-
patriote ; les montagnes ondulées du département du Var
s'étaient aplanies devant moi, tant ma vue les dominait.
Je voyais presque toute la Provence ; les villes d'Antibes,
de Cannes, l'île Sainte-Marguerite, ne me paraissaient pas
à une lieue de moi. A la hauteur où j'étais, les distances
disparaissent et l'on voit très-distinctement des objets qui
sont à vingt lieues de soi. La pureté de l'air détruit complétement la perspective aérienne. Au nord, les Alpes,
recouvertes de neige, étageaient leurs sommets gigantesques
les uns au-dessus des autres, comme un escalier de Titans ;
à l'est, se dessinaient les rivages découpés de la Méditerra-

née, les baies de Villefranche et la montagne de Montalban. Ce port devait se trouver humilié d'être à six cents mètres au-dessous de mes pieds, lui qui, si orgueilleux, commande la ville, le port et la baie de *Nice* et de *Villefranche*. La montagne du château, d'où l'on a un si beau panorama de Nice et de son port, ne paraissait pas plus grosse qu'une taupinière. Enfin, au sud, la vue s'étendait sur la mer et découvrait les rochers de la Corse, situés à plus de quarante lieues de distance. Ce vaste tableau était éclairé par un soleil magnifique, qui formait des effets de lumière admirables. Après l'avoir contemplé à mon aise, je redescendis la montagne, sautant de rocher en rocher et me rendis à l'invitation de mon jeune curé, qui m'avait préparé une charmante collation ; il était temps que j'arrivasse, j'étais exténué de fatigue, de faim et surtout de soif. Il était une heure et je n'avais encore pris que l'air. Je fis honneur à la collation et surtout à la carafe ; j'avais honte de mon avidité et, quoique le repas fût copieux, j'aurais tout dévoré si je ne m'étais retenu. Mon jeune abbé ne voulait pas que je busse de l'eau pure ; il me versait, tantôt d'un vin, tantôt d'un autre, malgré mes protestations contre cette boisson alcoolique ; il fit si bien qu'il me grisa, que Dieu le lui pardonne ! Il fut obligé de porter la peine du péché qu'il m'avait fait commettre malgré moi et de m'accompagner jusqu'à ce que mes jambes me permissent d'aller droit mon chemin ; j'étais un peu zigzaguette ! Enfin, tout en buvant son vin et dévorant son repas, j'avais fait sa conquête ; nous échangeâmes nos cartes et, en nous séparant, il m'exprima son regret de me quitter et me demanda à m'embrasser : je fus heureux de lui rendre l'accolade pour reconnaître l'aménité de ses sentiments et de ses bons procédés. Cette partie fera époque dans ma vie, et je suis loin de regretter la fatigue et les privations que mon ascension au mont *Chauve* m'ont occasionnées. Revenu à Nice, je remplis les dispendieuses formalités indispensables à mon retour à Marseille, et je me jetai sur mon canapé pour me reposer un peu de mes sept lieues de chemin, dont la moitié s'est faite en escaladant des rochers et en gravissant une hauteur de huit cent soixante-huit mètres.

Je suis allé m'informer du nom du bâtiment qui doit conduire ton ami sur la terre africaine ; il s'appelle le *Nil*.

J'ai enfin trouvé la demeure de M. Letellier ; c'est bien sur le port, mais ce n'est pas en boutique ; c'est au cinquième étage, sous une pauvre mansarde, que j'ai trouvé l'ex-premier coiffeur de la ville de *Montargis*. Ce pauvre homme est l'une des nombreuses victimes de l'expatriation. Après bien des douleurs et des fatigues, il a été obligé d'abandonner sa concession en Algérie, dont les travaux étaient peu en harmonie avec la faiblesse de sa constitution, et il est revenu ici pour se faire artiste en cheveux ; il fait des tableaux, des médaillons et gagne assez pour élever sa famille. Sa fille est mariée et ses trois fils sont artisans ; ils commencent à gagner de l'argent ; sa position va donc s'améliorer ; aussi compte-t-il redescendre de quatre étages et se loger au premier, au terme prochain.

Voici une bien longue lettre, chère amie ; j'espère cependant que tu auras la patience de la lire jusqu'au bout.

Je t'embrasse tendrement, ainsi que nos chers enfants.

Tout à toi,

STÉPHEN.

X

MARSEILLE, 14 Février 1855.

A Madame Bailly.

Ma chère Caroline, après avoir hier remis à la poste la longue lettre que je t'ai écrite, je suis allé dîner chez madame *Dominique;* ces braves gens m'ont reçu cordialement et sans façon. Il y avait le bœuf, un rôti de porc et la salade. J'ai fait honneur au repas, puis je me suis retiré de bonne heure, pour ne pas les gêner dans la confection de leurs casquettes, et ne pas joindre au pain que je leur ai mangé la perte d'une soirée de travail. Je me suis dirigé vers le théâtre du Gymnase, où j'avais été attiré par l'annonce du *Sourd*, ou *de l'Auberge pleine.* Étant arrivé un peu tard, je n'ai pu voir qu'un ennuyeux drame historique, dont je n'ai pas eu la patience d'entendre le dernier acte; j'ai regretté les vingt sous que ma place m'a coûtés. Ce matin, malgré un temps pluvieux, je me suis dirigé vers la promenade du *Prado*, que l'on m'avait beaucoup vantée. C'est une triple allée d'arbres qui fait suite à la rue de *Rome* dont je t'ai parlé; elle se dirige à l'est pendant une demie-lieue; à cette distance se trouve un rond-point, comme aux Champs Élysées de Paris. Un jardin public, où sont installés tous les jeux comme à l'ancien *Tivoli*, se trouve placé en face du *Prado*, et s'appelle le *Château des fleurs;* c'est là que la brillante société de Marseille va passer les soirées de la belle saison. De ce rond-point part une nouvelle promenade, pareille à la première, et qui se dirige au sud et aboutit en ligne droite à la mer; cette seconde avenue a environ une lieue de longueur; de chaque côté sont de charmants jardins anglais, qui précèdent de belles maisons de campagne dans les goûts les plus variés. On y voit tous les genres d'architecture: des pavillons italiens, des maisons mauresques, d'autres chinoises; d'autres ressemblent à des forteresses; il y a aussi des chalets suisses, puis une foule de kiosques chinois, turcs, rustiques, etc., etc. Beaucoup de ces jardins ont des serres chaudes ou tempérées. Ce sont de petits palais où les négociants marseillais viennent se reposer des fatigues de leurs comptoirs. Chaque jardin est séparé de la voie publique par une grille; ce seul genre de clôture est permis, afin que les promeneurs puissent jouir de la vue de ces beaux jardins, où les propriétaires étalent à l'envi l'un de l'autre un luxe de statues de fabrique et de propreté. Que de jolis croquis il y aurait à faire le long de cette belle promenade qui ressemble à l'avenue de Neuilly! Malheureusement le mauvais temps ne me permet de faire aucun croquis. Je suis allé visiter les serres d'un horticulteur qui demeure le long du *Prado*. Elles sont belles, nombreuses et bien garnies de riches plantes et ressemblent à celles de *Paris* et d'*Orléans*. Pendant cette visite le temps changea et se remit au beau; je fis sécher mon parapluie et continuai ma promenade. J'arrivai sur le bord de la mer; elle était superbe; le vent venait du large; il poussait vers le rivage des vagues grosses et écumantes, qui, se reployant sur elles-mêmes, venaient se briser sur les murs du quai, qu'elles dépassaient de plus de vingt pieds de hauteur, inondant ainsi la voie publique; je me tins sur le trottoir opposé pour ne pas en être couvert. C'est un bien beau spectacle qu'une mer houleuse, vue surtout par un beau soleil. Quelle majesté, quelle puissance cela représente! On ne peut se lasser de regarder avec admiration; et pourtant ces vagues, qui arrivent comme des montagnes mobiles et se succèdent sans relâche, le génie de l'homme sait les maîtriser, et les faire servir à ses besoins et à ses plaisirs. Je continuai ma route le long du quai, suivant ainsi les contours du rivage pour me rendre à Marseille. Ce quai est une création nouvelle et encore inachevée; il a été taillé dans le roc au moyen de la mine; car la pierre calcaire qui compose presque toutes les montagnes de la Provence, est d'une dureté qui résiste aux pics aciérés. Quelques maisons de campagne commencent à se bâtir sur ce roc; elles ont une belle vue; mais elles manqueront de verdure, car la roche est à nu et la terre fait défaut. J'ai admiré en passant une magnifique cascade qui, alimentée par une dérivation de la *Durance*, tombe du haut de la montagne, de rochers en rochers, et vient se perdre dans la mer, après avoir passé sous le quai. Que je regrettais de n'avoir pas mes crayons et mon album pour faire un croquis de ce beau site! Enfin j'arrivai au port, après avoir fait trois lieues environ. Cette longue promenade, faite à jeun, avait si bien aiguillonné mon appétit, que je trouvai qu'une tasse de café serait insuffisante; je me rappelai un mets provençal, nommé *bouillabaisse,* qui m'avait été vanté; je me rendis à la *Réserve*, lieu situé à l'entrée du port et renommé pour ce produit culinaire. Un quart d'heure après on m'apportait deux plats : dans l'un se trouvait un poisson coupé en morceaux, cuit dans une sauce avec des oignons hachés, le tout couvert d'une sauce au beurre couleur de safran;

dans l'autre il y avait des tartines de pain, arrosées
avec la même sauce. Je me jetai avidement sur ce mets
provençal que trouvai fort bon; il faut dire aussi que
j'avais alors un appétit d'enfer et que je me serais senti
capable de manger des oursins. Je me procurai, pour la
somme de deux francs quinze centimes, la possibilité de
donner mon avis consciencieux sur cette préparation si
chère aux Marseillais. Maintenant que mon estomac ne
crie plus famine et que j'ai bien dîné, je puis en parler
avec maturité. Ce mets si vanté ne vaut pas grand'chose;
nos matelotes sont bien meilleures, elles ne procurent pas
des renvois d'oignon cru comme la *bouillabaisse*. D'ailleurs, je te l'ai dit : ce pays n'est pas un pays de cocagne et
je n'engagerai pas les gourmets à y venir, il n'y a de bon que
ce qui vient de Paris. Ce matin, j'ai fait connaissance
avec le fameux mets indigène ; ce soir ç'à été le tour d'un
autre produit de ce beau pays; le mistral souffle avec violence; il pénètre les habits les plus épais; il faut les tenir
serrés contre soi, et courir dans les rues pour ramener
une partie de la chaleur qu'il enlève au corps humain; les
rues les plus boueuses sont desséchées en un instant; c'est
un balayeur infatigable. Les pauvres femmes surprises
par ce terrible visiteur ne savent que devenir; il retrousse
leurs cottes jusqu'à la peau; aussi les rues sont-elles dé-
sertes, chacun s'empressant de chercher un abri, et ne
voulant pas lutter avec ce très-fâcheux adversaire. Malgré les clôtures, il pénètre aussi dans les appartements; je
sens qu'il refroidit graduellement ma chambre; aussi vais-
je chercher dans mon lit un refuge contre lui.

Je fus éveillé cette nuit par un fracas très-fort; c'était le
mistral qui avait décroché une des persiennes de ma
chambre et la faisait battre; ce vent impétueux avait acquis une intensité extraordinaire; ce n'était plus de la
violence, c'était de la fureur; il remplissait l'air de ses
mugissements, enfonçait les vitres, et faisait un bruit si-
nistre qui empêchait de dormir. Ce matin je suis allé
sur le nouveau port, pour m'assurer de l'état de la mer.
Elle était furieuse et tenait son monde à distance. A
cinquante mètres du rivage on était trempé. — J'ai vu le
Nil; c'est un très-beau bâtiment, et, dit-on, l'un des
meilleurs marcheurs et des plus solides de la compagnie
impériale. C'est rassurant, vu l'état de la mer. On
pense que si ce vent ne s'apaise pas, on ne pourra partir
aujourd'hui. Les rues de Marseille, si crottées hier,
sont superbes aujourd'hui; le hâle, joint à un froid de cinq
à six degrés, a balayé la boue et gelé les ruisseaux.
Conçois-tu une pareille température au quinze février à
Marseille, où je croyais trouver le printemps? Je vais
maintenant me dépêcher de faire mes paquets pour partir
à onze heures, si le temps le permet. Plains ton pauvre
ami, ma Caroline, il va être bien malade; je vais être
dégobette, et je subirai une fameuse purgation. Dis à
mon bon *Emile* que j'ai reçu sa lettre, qui m'a fait bien

plaisir; que je serais bien heureux de l'avoir pour compagnon de voyage, et que je tâcherai de lui rapporter une
peau quelconque, ne fût-ce que la mienne.

Adieu, chère amie de mon cœur; reçois mes tendres
baisers, ainsi que nos chers enfants.

Tout à toi, STÉPHEN.

XI

A Madame Bailly.

Ma chère Caroline, me voici embarqué depuis deux heures, mais restant toujours dans le port. La violence du vent et le mauvais état de la mer ne nous permettent pas de démarrer; notre commandant n'ose pas braver la fureur des flots; il attend que le *mistral* ait perdu de son intensité. C'est une fort ennuyeuse chose que de rester à bord inactif. Je cherche un voyageur avec lequel je puisse sympathiser un peu pour causer, faire une partie de dames et m'aider à passer le temps. En attendant, je me mets à t'écrire un mot. N'ayant pas eu le temps de connaître mes compagnons de voyage, je vais tâcher de te faire la description du bâtiment qui va me conduire à *Alger*. Le *Nil* a appartenu à l'État, qui l'a cédé à la Compagnie impériale des Messageries; ayant été construit pour faire la guerre, il a une solidité que n'ont pas les paquebots du commerce. Cela est rassurant, parce qu'en cas d'abordage, notre bâtiment sera de force à soutenir un choc avec avantage. Sa longueur est d'environ deux cents pieds et sa largeur de trente-cinq. Sa machine est de la force de deux cent vingt chevaux et est à roues à aubes. Son aménagement des premières est très-confortable et même luxueux. Le salon a de vingt-quatre à vingt-six pieds de longueur sur quinze de largeur. Les boiseries sont en marqueterie ; les panneaux sont en bois de citronnier, ornés d'arabesques en palissandre et de têtes sculptées en bois ; les champs sont en érable jaspé avec baguettes jaune foncé. C'est très-élégant. Les cabines sont en acajou et assez grandes pour qu'on y soit très à son aise.

En mer, 8 heures du soir.

Enfin, ma Caroline, nous avons démarré et nous sommes sortis du port à cinq heures du soir ; il était temps, car je commençais à m'ennuyer joliment ; de plus, j'avais un appétit d'enfer et j'attendais avec impatience l'heure du dîner, qui ne devait avoir lieu qu'après notre sortie du port. A cinq heures et demie, nous étions déjà loin du port de Marseille et l'on servit le repas que mon estomac désirait depuis longtemps. J'y fis honneur de la plus brillante manière. Je ne fis pas grâce au gouvernement d'une seule bouchée ; je mangeai de tous les mets et redemandai trois fois du pain et vidai presque à moi seul une carafe de vin. Je ne me reconnaissais plus ; j'avais un appétit féroce et je voulais, si je vomissais, vomir au moins pour quelque chose. A mesure que le repas avançait, le nombre des convives diminuait ; presque tous ressentaient les effets du mal de mer et allaient dans leur cabine payer tribut au dieu des flots. A la fin du repas, nous ne restâmes plus que quatre, y compris notre commandant. J'allai au sortir de la table respirer l'air sur le pont avec un jeune homme qui avait résisté à l'influence de la mer. Les vagues qui inondaient le pont nous forcèrent à quitter ce lieu pour faire une partie d'écarté ; puis mon compagnon fut obligé de me quitter pour payer ainsi que les autres le tribut habituel. Me voyant sèul resté valide, je me suis mis à t'écrire ces mots avant de me coucher. Bien m'en a pris de ne pas me mettre au lit, car on apporta le thé, et tu connais ma prédilection pour cette infusion aromatique. Je vais donc y faire autant d'honneur qu'au dîner et cela me sera d'autant plus facile que nous ne serons que deux ou trois personnes en état d'en prendre, toutes les autres étant plus ou moins malades.

Vendredi, 16 Février, 8 heures du matin.

Me voici, ma Caroline, en pleine mer, en vue des côtes d'*Espagne*, que l'on aperçoit dans le lointain comme un nuage. Je m'étais levé de bonne heure pour voir le soleil sortir resplendissant du sein des eaux ; mon attente a été trompée ; le vent était sud et le ciel couvert de nuages ; je n'ai pu jouir du beau spectacle que je me promettais. Fais compliment à ton bon ami, ma chère Caroline ; il s'est comporté comme un vieux loup de mer ; il n'a pas été malade un seul instant. Presque tous mes compagnons de voyage ont payé tribut au perfide élément. Un jeune homme avec lequel je faisais ma partie de cartes, et qui cependant avait fait le voyage des Grandes-Indes et était resté dix mois en mer, a été obligé de quitter la partie pour aller piquer une tête dans sa cuvette. Tu vois que me voici aguerri et je pourrais entreprendre un voyage de long cours. Mon espoir de purgation me paraît déçu. Je m'en console en mangeant comme un ogre et digérant comme un pigeon.

4 heures du soir.

Rien de nouveau, ma Caroline, si ce n'est que je suis un peu moins gaillard que ce matin. Je ressens une légère pression épigastrique et j'ai la tête un peu lourde; l'état de la mer ne s'améliore pas ; la lame devient plus forte et le roulis du bâtiment est très-incommode. Le temps est superbe, le soleil brille de tout son éclat, mais on n'en peut jouir à son aise, le pont étant tellement inondé qu'il devient impraticable. Je ne t'ai pas parlé jusqu'à présent de mes compagnons de voyage, parce que presque tous restent couchés dans leur cabine, souffrant comme des malheureux. J'ai pour compagnon de chambre un jeune capitaine de *spahis*, qui est chef du bureau arabe de *Milianah ;* ce pauvre jeune homme ne peut se tenir sur son séant; il est anéanti par le mal de mer; il me paraît très-bon garçon ; il est Bourguignon et est venu chercher sa mère et sa sœur qui vont s'établir dans sa résidence. Je lui rends tous les services qui sont en mon pouvoir et il s'en montre reconnaissant. Les premières sont au complet; le *Nil* porte environ deux cents personnes, en y comprenant équipage, passagers et gens de service.

17 Février, 8 heures du matin.

Mon malaise a augmenté; cependant je me suis mis hier à table et m'en suis très-bien trouvé ; à mesure que je mangeais, il se dissipait; aussi ai-je fait un copieux dîner. Je me suis couché de bonne heure et j'ai parfaitedormi, commençant à m'habituer au bercement de ma couchette. A deux heures du matin je fus réveillé par les cris que jetait un enfant gâté qui voulait avoir ce que lui refusaient ses parents. Je me recouchai; ce matin je me suis levé de bonne heure pour voir le soleil sortir du sein des eaux; il s'est levé, mais pâle et décoloré; on aurait dit qu'il avait le mal de mer; je n'ai pu rester sur le pont; la mer devient de plus en plus mauvaise; les vagues déferlent sur les parapets et inondent les personnes qui sont sur le pont. Du reste, il n'y a rien à voir que le ciel et l'eau. Sept à huit goëlands suivent notre vapeur et attrapent ce qui tombe à la mer; ce sont les seuls êtres animés qui s'aperçoivent en dehors de notre navire. Mon malaise continue, mais pas assez fort pour me faire vomir et m'empêcher de prendre part aux repas; mes digestions se font très-bien. J'ai vu ce matin faire la toilette du bâtiment: on commence par verser de l'eau sur le pont, les bancs et les murs, puis avec des balais et des éponges on frotte, on frotte jusqu'à ce que tout soit de la plus grande propreté; ensuite on arrose de nouveau avec une pompe à incendie; on prodigue l'eau, on voit qu'elle ne coûte rien et qu'il n'y a qu'à se baisser pour en prendre; cela fait, on essuie, on polit les cuivres, on remet tout en place. Cela se pratique chaque jour tous les matins. Dans la journée on fait un fréquent usage du balai sec, pour que le pont soit toujours parfaitement propre. Les balais sont faits en branches de tamarix, le bouleau étant inconnu en Provence.

4 heures du soir.

Le temps est superbe aujourd'hui, ma Caroline; le vent est toujours sud, mais moins fort; il nous amène une douce température, un vrai printemps; on est obligé de tout ouvrir. La mer est calme et nos malades vont mieux, notre commandant espère que nous entrerons demain matin dans le port d'*Alger*. Ma santé est meilleure, je ne souffre presque plus du mal de mer; je n'ai point à me plaindre de cette douloureuse affection; elle ne m'a pas fait perdre un coup de dent.

8 heures et demie.

Nous approchons de la côte, chère amie; je viens d'a-

4

percevoir le port d'*Alger*; nous gouvernons en droite ligne sur cette ville. Dans trois ou quatre heures environ nous serons rendus dans le port; mais nous coucherons à bord, et ce n'est que demain matin que nous mettrons pied à terre. J'aurais préféré arriver de jour pour juger de l'effet de la ville vue de la mer. Dieu en a ordonné autrement.

9 heures et demie du soir.

Je venais de me coucher et je commençais à sommeiller, lorsque je fus éveillé par une délicieuse musique, par les airs dont ma chère *Isabelle* me régale les soirs; je crus un moment que c'était une illusion; mais m'étant bien éveillé, j'entendis parfaitement que c'était la jeune fille du *maire d'Oran* qui me causait cette charmante surprise. J'étais transporté à quatre cents lieues de distance, auprès de notre bon feu des Motteaux, de toi, chère amie, que j'aime tant, de notre chère *Nana* qui fait passer à mes oreilles de si délicieux instants; je me levai et allai remercier ma jeune voisine des ravissants souvenirs qu'elle éveillait en mon âme. Sa mère me reçut gracieusement, me fit asseoir et dit à sa fille de continuer les airs que j'avais tant de plaisir à entendre.

18 Février, 1 heure et demie du matin.

Nous touchons à *Alger*; on voit distinctement toutes les lumières du port; dans quelques minutes nous y entrerons.

2 heures et demie du matin.

Nous voici dans le port depuis trois quarts d'heure; nous ne débarquerons qu'au jour; nous avons donc encore plus de trois heures à dormir dans nos cabines; mais telle est l'anxiété des voyageurs et leur désir d'aller à terre, que personne ne pense à employer son temps à se reposer. Tous nos malades sont guéris et attendent avec impatience le moment de débarquer; on fait ses préparatifs. Mon premier soin, ma chère amie, sera d'aller à la poste, où j'espère trouver tes bonnes lettres; peut-être ont-elles voyagé avec moi dans le même navire! Qu'elles auraient agréablement combattu l'ennui de la navigation! N'oublie pas de mettre sur l'adresse mes prénoms : (*Étienne-Marie*).

ALGER, 18 Février, 10 heures du matin.

Me voici, chère amie, sur la terre africaine. Quelle différence de température! J'ai quitté Marseille avec le mistral et six degrés de froid; me voici à *Alger* avec vingt-six degrés de chaleur, un beau soleil et de la poussière; c'est passer subitement de l'hiver à l'été. Mon premier soin, après avoir fait toilette, fut d'aller à la poste, où j'eus le bonheur de trouver deux lettres, l'une de mes bons enfants, *Émile* et *Nana*, datée du 7 et l'autre de toi, datée du 11, et j'allai de suite au bord de la mer pour en savourer la lecture à mon aise, et j'ai vu avec plaisir que toutes vos santés étaient bonnes. J'espérais en trouver une d'*Élisa*, qui m'aurait donné des renseignements que j'attends avec impatience sur le jeune J...; je vois qu'il faudra attendre encore quelques jours avant d'en recevoir. Je suis rentré à l'hôtel de la *Marine*, rue de la Marine où je suis logé. C'est un hôtel modeste, dans le genre de celui de *Pologne* où j'étais à *Marseille* et où les domestiques paraissent prévenants. J'espère que j'y ménagerai mieux mes finances que dans ceux de premier ordre que m'avait indiqués *Charles*, qui veut toujours trancher du grand seigneur. Dis à ma chère *Nana* et à mon bon *Émile* que je les remercie

bien de leur lettre et que j'y répondrai la semaine pro-
chaine. La petite branche que je t'ai envoyée est du myrte
et non pas de l'olivier; nous ne sommes pas en guerre et
je n'aurais pas choisi cet emblème pour te demander la
paix; tu sais que le myrte est le symbole de la tendresse et
de l'amour. C'est pourquoi je t'en ai envoyé.

Adieu, chère amie; je vous embrasse tous comme je
vous aime.

STÉPHEN.

XII

A Madame Bailly.

Ma chère Caroline, j'ai la tête tellement remplie de ce que j'ai vu aujourd'hui, qu'elle déborde de tous côtés ; il me sera impossible de te faire part de mes observations ; je ne sais par où débuter pour te faire la description de cette ville d'Alger, qui ne ressemble en rien à ce que j'ai vu en France ; assurément j'en oublierai les trois quarts ; cependant il faut commencer par quelque chose ; je vais donc tâcher de rappeler mes souvenirs de la journée et de les classer le mieux que je pourrai.

Alger est peut-être une ville unique au monde ; c'est le passage de la civilisation européenne sur la terre arabe, la lutte de deux peuples dont l'un est actif, laborieux, vivace, et l'autre indolent, fanatique et paresseux. La victoire n'est pas douteuse et les mœurs françaises l'emporteront sur celles des Arabes. Cependant, en considérant les deux races qui sont en présence, on ne peut faire autrement que de donner la préférence à nos adversaires. Individuellement, l'Arabe est supérieur à l'Européen ; il est grand et bien fait ; son allure est noble et martiale ; il est vigoureux, sobre et paraît exempt des infirmités et des maladies qui déciment

4*

le peuple qui l'a subjugué. Ce qui fait la force des Français, c'est la discipline, ce sont les institutions et la religion, deux puissances auxquelles rien ne résiste. Si les Turcs avaient nos sciences, nos industries, nos institutions, ils deviendraient les maîtres de l'univers, car ils sont aussi braves que nous et supportent beaucoup mieux les privations et les fatigues. Si tu voyais l'activité, l'adresse, la force des portefaix du port d'Alger, qui ne vivent que de figues et de légumes et ne boivent que de l'eau, tu en serais étonnée. Leur costume, qui tient de la toge antique et qui vaut mieux que l'habillement étriqué des Européens, donne du relief à leur visage basané et mâle, et la conquête n'a rien ôté à leur air de fierté. Ils savent se draper avec noblesse dans leur burnous en guenille. Je croyais voir un peuple courbé sous le joug des baïonnettes françaises, et j'ai trouvé une nation vaincue mais non humiliée. Me voici bien loin de la description que je voulais te faire de la ville, chère amie; excuse-moi de me laisser aller plus loin que je ne voulais.

Alger est bâtie sur un promontoire, à l'occident d'une vaste baie ouverte aux vents du nord et de l'ouest. Le port est protégé par une longue digue qui la préserve des vents venant de ce côté. La ville est en amphithéâtre; toute la partie avoisinant le port et la mer est de construction moderne et ne diffère en rien des villes françaises; les rues sont tirées au cordeau et bordées de chaque côté par de belles maisons à arcades dans le genre de la rue de *Rivoli*. Le public peut donc circuler à l'abri de la pluie et du soleil. Au centre de la ville se trouve une belle place à arcades, nommée *place du Gouvernement*, au milieu de laquelle se trouve la statue équestre en bronze du *duc d'Orléans*, que le gouvernement de l'Empereur a eu le bon esprit de laisser subsister. Deux rues principales et à arcades partent de cette place et conduisent aux extrémités de la ville : l'une, nommée *Babazoun*, se dirige vers le sud ; l'autre, appelée *Babeloued,* va au nord ; on peut donc traverser *Alger* dans sa plus grande dimension, en suivant ces deux rues et traversant la place du Gouvernement ; c'est la seule partie de la ville qui soit de niveau, elle longe la mer. Du côté de l'ouest, les rues montent rapidement ; quelques-unes sont en escalier ; cette partie élevée est la ville maure, qui diffère complétement de la nouvelle ville. Ces rues ne méritent pas ce nom ; ce ne sont que des ruelles tortueuses où le jour pénètre à peine ; je tâcherai de t'en dessiner un échantillon. Je n'ai vu cela qu'en passant ; je t'en reparlerai plus tard plus amplement.

Les rues *Babazoun, Babeloued* et la place du Gouvernement sont le centre du commerce de détail ; c'est là que se trouvent placés les magasins d'étoffes, de comestibles, d'objets d'art et de fantaisie ; il y en a de fort beaux ; on y a transporté le luxe parisien. Les cafés les plus remarquables sont établis auprès de la place du Gouvernement. Je suis allé déjeuner à celui d'*Apollon*, le plus beau de tous ; on s'y croirait à *Paris :* les journaux y fourmillent et les prix de consommation sont un peu moins chers qu'en France. J'ai visité la *place de Chartres :* elle est grande, carrée et bien bâtie ; le milieu est orné d'une assez belle fontaine. C'est là que se tient le marché des denrées alimentaires et principalement des produits de l'horticulture. Je me croyais au milieu de l'été, tant était grande la diversité des légumes. Tous nos genres de salade s'y étaient donné rendez-vous ; ce sont les mêmes espèces que celles cultivées en France, mais au lieu d'arriver au marché successivement et par ordre de saison, elles y figuraient toutes en même temps ; il en était à peu près de même des autres légumes ; les vieilles pommes de terre côtoyaient les nouvelles ; les carottes, les poireaux, les oignons, jeunes ou vieux, étaient à côté les uns des autres. Les artichauts se vendaient un sou la tête et d'assez belle dimension ; les oranges, même prix et de bonne qualité, de vraies oranges d'Afrique, bien mûres et bien sucrées. Les pois, les fèves commençaient à paraître, mais il y en avait peu ; cela me semblait être une nouveauté. Presque tous nos fruits d'*Europe* s'y trouvaient réunis ; ils étaient accompagnés de ceux d'*Afrique*, tels que dattes, olives, caroubes, bananes et plusieurs autres dont j'ignore le nom. Je compte retourner à ce marché pour faire connaissance avec tous ces produits de l'*Algérie* et t'en donner mon avis. Ce sont des Arabes mâles qui vendent ces denrées de leur jardin ; ils se tiennent accroupis silencieusement auprès de leur marchandise et attendent patiemment que le chaland vienne en faire emplette ; ils ne vous fatiguent jamais de leur ennuyeuse sollicitation. Ils contrastent, d'une manière frappante, avec l'assourdissant babil des marchandes de la halle de *Paris*. Cette différence est tout à leur avantage.

Le mélange des costumes des deux peuples qui parcourent incessamment les rues de la nouvelle ville m'a fait une impression indéfinissable. Ce contraste est inconcevable pour un étranger ; on croirait que l'un ou l'autre n'est pas de race humaine. L'*Arabe* a les jambes nues jusqu'au genou ; ses pieds sont chaussés dans des babouches ; il porte une espèce de culotte extrêmement large en étoffe blanche. Quelques-uns même se passent de cet inexpressible vêtement. Le corps est recouvert du burnous blanc, dans lequel l'*Arabe* sait se draper parfaitement. Sa tête est quelquefois couverte d'une espèce de turban, mais le plus souvent d'un capuchon attenant au burnous. Sa démarche est noble et fière, sa taille élevée, sa figure longue et osseuse, ses yeux beaux et noirs, son nez droit ou aquilin, sa barbe noire et peu fournie, son teint basané. Il est généralement maigre et a le mollet peu développé, sa jambe tient de celle du cerf. Les femmes que l'on voit souvent circuler dans les rues sont à peu près mises comme les hommes, à la différence de la culotte, qui se change en pantalon et est attaché quatre à cinq pouces au-dessus de la cheville; la jambe est nue; le pied, chaussé dans des babouches, est teint de couleur rougeâtre jusqu'à la cheville; les mains portent la même teinture qui remplace les chaussons et les gants. La figure est entièrement couverte, non d'un voile, mais d'une large bande de toile fine et tendue en travers de la figure et laissant apercevoir la partie du visage où se trouvent les yeux, qui généralement sont noirs et beaux. Quoique presque entièrement cachée, il est facile à un observateur de suivre la forme des traits et la coupe du visage; les femmes *arabes* qui sont jolies ont le talent de le faire voir, tout en suivant les prescriptions du Koran; leur costume, à l'exception des babouches, est entièrement blanc. Tu dois concevoir combien il est choquant de voir l'habillement uniforme et fantastique des *Arabes* coudoyer celui des Européens, si varié et si bariolé de couleurs différentes; mes yeux auront longtemps encore de la peine à s'y habituer. Les barbes grises arabes passent fièrement et dédaignent de jeter leurs regards sur les Français; nous leur pesons cruellement; les barbes noires fraternisent assez bien avec nos soldats; quant aux mentons imberbes, ils jouent à la bille avec nos gamins; cette génération nous est acquise.

19 Février.

Après avoir déjeuné et visité les principales rues de la ville, j'ai voulu voir les environs; j'ai suivi la rue *Babazoun* et me suis dirigé vers la campagne, armé de ma canne à siége et de mon livre de croquis ; je me suis établi auprès du *fort de l'Empereur* dont j'ai fait un croquis ; j'ai exploré les pentes de la montagne sur laquelle il est établi et j'ai été très-étonné de trouver toutes nos plantes indigènes du centre de la France mêlées avec les végétaux africains ; la vue de ces plantes, dont j'étais privé depuis si long-temps, m'a rappelé mes chers *Motteaux* ; je les voyais comme au mois de mai, étalant leur corolle épanouie et émaillant les gazons des couleurs les plus variées ; je crois qu'aucune n'y manquait ; les papillons, les demoiselles aux ailes transparentes, voltigeaient de l'une à l'autre, pompant le miel comme au mois de juin dans nos climats. Les environs d'*Alger* ont une flore des plus nombreuses et des plus variées. Outre nos plantes, j'en ai vu une foule d'autres dont le nom m'est inconnu. Cette partie de l'Afrique est une nouvelle France, moins son rigoureux climat, et les végétaux y prennent une croissance et une vigueur surprenantes. Des plantes qui, chez nous, n'ac-quièrent que quelques pouces de hauteur, ont ici quelques pieds. La terre est riche et fertile, le climat si doux et la belle saison si longue, que la végétation n'est pas inter-rompue pendant plus de deux mois dans le courant de l'année. La chaleur devenait insupportable ; mes habits d'hiver me pesaient horriblement ; je fus obligé de rentrer en ville pour chercher un abri. Le thermomètre, à l'ombre, marquait vingt-six degrés ; c'était une différence de plus de trente degrés avec la température que j'avais laissée en France, trois jours auparavant. J'étais très-altéré ; un verre de limonade m'eût paru du nectar ; cependant je résistai à cette envie de prendre des boissons rafraîchissantes et bus un verre d'eau et de vin sucrés, et j'eus la précaution de me couvrir de mon manteau. Je reposai pendant le plus fort de la chaleur, et sur les quatre heures je visitai de nouveau la ville jusqu'à l'heure du dîner. Je montai dans la partie *arabe*, dans des ruelles où grouille une population dégue-nillée et un nombre considérable de marmots à moitié nus. Les boutiques que je voyais de place en place sont des espèces de loges ayant tout au plus six pieds carrés, où sont rangées sur des planches quelques marchandises, dont la valeur totale ne doit pas excéder cinquante francs; il y en a même dont je ne donnerais pas dix francs. J'ai vu une boutique de tourneur qui m'a beaucoup intéressé par la simplicité de ses procédés de fabrication : le tour est composé d'une tringle de fer maintenue entre deux bûches et qu'on fait tourner au moyen d'un archet; l'ouvrier n'a qu'une main de libre pour tenir son outil. Il se sert de ses pieds comme d'une troisième main; la position de cet artisan est très-incommode et on ne peut plus fatigante. C'est tout à fait l'enfance de l'industrie. Probablement les autres arts ne sont pas plus avancés. Je voulais lier con-versation avec ce tourneur, mais il ne parlait pas français. Nous ne pouvions nous entendre.

La ville d'*Alger* me paraît contenir une nombreuse po-pulation que je ne peux estimer à moins de cent mille âmes; il y a beaucoup de mouvement; la foule circule continuellement dans le quartier marchand; elle était encore accrue par les plaisirs du carnaval, que l'on fête joyeusement ici; il y a des troupes de masques comme à *Paris*. J'ai peu pris part à cette fête et suis rentré à l'hôtel pour passer le reste de la soirée à t'écrire. Ce matin, je suis allé faire un tour sur le port. Ce vieux repaire des corsaires *algériens* n'est pas très-vaste; il est mal abrité contre le mauvais temps et le feu de l'ennemi; je suis étonné que les puissances chrétiennes aient si longtemps toléré les brigandages des anciens habitants d'*Alger*. Gloire à la France d'avoir détruit ce nid de vautours! Le gouvernement français a compris l'importance future de notre nouvelle colonie; il a pratiqué des jetées qui s'avancent hardiment dans la mer et qui vont quadrupler la surface du port, tout en le rendant plus sûr et mieux défendu. Le port d'*Alger* va devenir l'un des plus vastes du globe.

Sur les dix heures la chaleur devenait intolérable; je rentrai en ville et commençai mes visites officielles aux autorités algériennes. C'était trop tard et trop tôt. Les bureaux fermant à dix heures et ne rouvrant qu'à deux, je profitai des quatre heures de loisir qui me restaient pour visiter le Jardin d'essai, situé à une lieue environ d'*Alger*. Je montai dans un omnibus à huit places, qui me conduisit à ma destination pour la modique somme de trente centimes. Ces voitures sont tirées par des chevaux *arabes* pur sang, petite race rustique, infatigable et bien faite. Je voyais avec peine ces nobles animaux conduits par des brutes humaines, qui abusaient de leur force et de leur courage. Je trouvai M. *Hardy*, qui me reçut avec distinction et politesse. Il s'excusa de ne pouvoir me conduire lui-même visiter le jardin et m'adressa à un employé; il était obligé de se rendre à *Alger*. Il doit venir demain me rendre ma visite à l'hôtel. Je vis d'admirables choses en fait de végétation. Les mûriers atteignent quinze pieds de haut en une seule année; c'est à n'y pas croire, si on ne l'avait pas sous les yeux. Des plantes qui, dans nos serres, n'ont qu'un pied de hauteur, en ont vingt, cultivées en pleine terre sous cet heureux climat. Dans ce beau jardin, l'on trouve rassemblés tous les végétaux de l'univers : le mouron croît au pied du bananier des tropiques; la brione s'enroule autour du caféier et du Sicus elastica, arbre qui produit le caoutchouc; le liseron de nos jardins entoure le tronc du poivrier et de la canelle; la fumeterre, les pâquerettes, le séneçon, croissent à l'ombre des orangers et des citronniers couverts de fruits. Les oranges sont ici tellement communes qu'on ne se donne pas la peine de les ramasser; elles pourrissent à terre, comme chez nous les pommes dans les années d'abondance; les palmiers-dattiers y croissent avec vigueur; ils y donnent des fruits, mais la chaleur est insuffisante pour les faire arriver à maturité. Les dattes que l'on mange à *Alger* viennent du désert au delà de l'*Atlas*. La chaleur m'avait fortement altéré; j'entrai dans un café voisin et vidai une bouteille de bière; puis je repris le chemin d'Alger, comme je l'avais fait en sortant. Je me rendis à l'hôtel du gouverneur et je parvins à obtenir une audience du secrétaire général, qui me reçut parfaitement et eut pour moi toutes sortes de prévenances quand il sut que j'étais l'ami du général *Pélissier*, dont il fait beaucoup de cas; il me présenta au préfet d'Alger, dont je reçus le plus bienveillant accueil. C'est un excellent homme, qui aime l'agriculture et qui se trouvait heureux d'en parler avec un homme pratique. Nous avons parlé de cette science agricole qui a fait l'occupation de presque toute ma vie, et il m'a engagé à venir à la soirée qu'il donne demain à la préfecture, voulant me faire connaître l'élite de la société *algérienne* et m'y présenter. Tu vois que cette réception est on ne peut plus aimable et flatteuse. Le soir, après dîner, je me rendis chez un ancien magistrat auquel m'avait recommandé une demoiselle *de la Valle*, dont j'avais fait la connaissance et la conquête dans l'hôtel du Nord, à Nice. Cette jeune poulette de soixante-neuf ans est cousine germaine du mari de mademoiselle *Cheret*. Ce M. *Mongellas* s'est mis à ma disposition, et nous devons, demain à deux heures après midi, faire ensemble une excursion.

J'ai hasardé, ce matin, une demande d'audience particulière de M. le gouverneur général ; elle m'a été accordée pour aujourd'hui, à midi et demi. Pensant que je le verrais à la soirée du préfet, j'ai voulu auparavant faire ma politesse. Je te ferai part de sa réception. Il est près de midi, je vais donc m'apprêter et faire un bout de toilette.

8 heures et demie du soir, même jour.

A l'heure dite, je me suis présenté chez le *général Randon ;* il m'a fait un accueil froid d'abord et réservé, quoique poli, mais ensuite parfaitement cordial, quand il s'est rappelé que le ministre lui avait donné avis de la mission qu'il m'avait confiée, qu'il a su que j'étais de l'arrondissement de *Montargis* et que j'avais été le collègue de son beau-père, l'honorable M. *Alexandre Perrier*, comme membre du conseil général du *Loiret*. Il a compris que je ne venais pas exercer un contrôle sur son administration ; il m'a engagé à étudier l'agriculture de son gouvernement, en me priant de lui faire part de mes impressions et de mes observations à ce sujet. Puis, quand j'ai pris congé de lui, il m'a reconduit gracieusement jusqu'à la porte de son hôtel, après m'avoir fait visiter les principales pièces de cet hôtel, qui est un palais bâti dans le style maure.

En sortant de chez M. le gouverneur, je suis allé trouver M. *Mongellas*, qui a eu la bonté de venir avec moi faire une excursion dans les environs d'*Alger*. Nous prîmes des mulets pour nous épargner une partie de la fatigue de la course ; nous nous dirigeâmes vers une montagne du *Sahhel*, appelée la *Boudzaréah*, d'où nous planions sur le massif d'*Alger*, et d'où notre vue s'étendait à quarante lieues de distance. J'avais à mes pieds la mer, la ville et le port d'*Alger* ; plus loin, la plaine de la *Métidja*, dont je pouvais suivre la direction dans l'espace de trente-cinq lieues ; puis, au delà, les villes de *Blidah*, de *Médéah*, situées au bas des premiers contre-forts de l'*Atlas* ; enfin je voyais au loin la *Kabylie* et les montagnes couvertes de neige du *Djurjura*, situées à plus de quarante lieues de distance et hautes de plus de trois mille mètres; ce sont les Alpes africaines. Mon compagnon avait emporté une longue-vue avec laquelle on pouvait distinguer tous les villages et les fermes du *Sahhel :* c'est un coup d'œil très-étendu, un vaste panorama, mais sous le rapport pittoresque et artistique, il est loin de valoir les environs de *Nice*. Ici, point de rochers nus, point de ces formes anguleuses qui font si bien en paysage. Les montagnes les plus élevées sont recouvertes de terre et d'une végétation vigoureuse ; les végétaux croissent jusqu'au sommet. Partout la main de l'homme peut exercer son empire et y faire d'abondantes récoltes. Dans ma tournée j'ai vu un *douair arabe :* on donne ce nom à un village d'indigènes ; il faut en être prévenu pour en soupçonner l'existence. Figure-toi une forêt de cactus de quatre à cinq mètres de hauteur, cachant de misérables huttes en pierre sèche et recouvertes d'herbe et de feuilles de palmier ; des sentiers étroits conduisent à cette agglomération de cabanes qu'il faut respecter à cause de la farouche jalousie des habitants. Nous nous contentâmes d'en faire le tour ; nous n'aperçûmes que quelques enfants qui s'étaient écartés des habitations. J'ai pu observer des *marabouts*, tombeaux des Musulmans morts en odeur de sainteté, lieux vénérés de leurs coreligionnaires, et une petite mosquée, isolée des habitations. Si j'en ai le temps, je ferai un croquis de ces édifices religieux. Je revins par des chemins creux, bordés de chaque côté d'oliviers, de caroubiers, de jujubiers, entremêlés d'arbres fruitiers de nos pays, tels que poiriers, amandiers, pêchers, abricotiers, au pied desquels croissaient spontanément des agavés, des cactus, des acanthes, des iris, des liliacées et d'autres plantes qui me sont inconnues, étalant leurs fleurs magnifiques et de couleurs variées, sur lesquelles voltigeaient de nombreux papillons et insectes. Le revers des montagnes environnant *Alger* est couvert de nombreuses villas resplendissantes de blancheur et ressortant sur la verdure qui tapisse entièrement le sol. Attenant à ces maisons de campagne, se trouvent des jardins remplis d'arbres fruitiers, parmi lesquels sont de magnifiques orangers chargés de fruits mûrs. Les environs d'Alger sont enchanteurs.

Je m'aperçois qu'il est neuf heures et demie; je vais m'habiller pour aller chez le préfet et répondre par ma présence à sa gracieuse invitation.

21 Février.

La soirée ou, pour mieux dire, le bal du préfet, M. *Lautour-Mézerai*, était très-beau, très-brillant et surtout très-nombreux. Ce magistrat en a parfaitement fait les honneurs; il est affable et prévenant pour tous les invités et trouve moyen de dire un mot obligeant à chacun. Nous avons causé quelques instants ensemble. Ses appartements sont de construction mauresque et ornés avec beaucoup de goût et de simplicité. J'y ai vu de très-jolies femmes et de brillants officiers. J'y suis resté deux heures environ, puis je suis rentré ce matin, un peu après minuit.

Ce merveilleux pays est pour moi un sujet d'études et d'observations très-variées et intéressantes; à chaque pas, à chaque moment de la journée, je vois du nouveau; tout cela entre confusément dans ma tête et je n'ai pas le temps de débrouiller ce chaos. Ne t'attends donc pas à trouver dans mes lettres des descriptions méthodiques; je te ferai part de mes impressions au fur et à mesure qu'elles me reviendront à la mémoire, sans ordre de sujets et de chronologie. Tous les matins je me rends au marché, que je parcours pendant près d'une heure; j'y étudie les productions végétales des environs d'*Alger;* cet examen a un but sérieux; il me fait connaître les nombreuses plantes alimentaires qui viennent si belles et si bonnes sous ce beau climat. Je te l'ai déjà dit, tous les légumes de France foisonnent ici sans exception. Je n'ai jamais vu de si belles salades; les chicorées au cœur blanc sont aussi grosses que les choux. Avec un chou-fleur, il y a de quoi manger pour vingt personnes. Les oranges y sont délicieuses; ce ne sont pas ces fruits de Provence, cueillis avant maturité et qui ont une acidité révoltante; c'est un jus sucré et savoureux qui rafraîchit l'estomac sans le débiliter. Leur prix est très-modique : j'en ai acheté une douzaine de très-grosses pour huit sous, et cela sans marchander. A côté de moi, j'en ai vu payer deux liards pièce. On m'a dit que quelquefois elles ne valent que deux à trois sous la douzaine. J'espère t'en faire goûter à mon retour. J'ai voulu goûter une espèce de fruit qui m'est inconnu et qu'on nomme *jalep.* J'en ai acheté une demi-livre pour trois sous; je les ai trouvés si mauvais que je n'ai pu en avaler plus de deux; ils sont gros comme des olives. Pour m'en débarrasser, j'ai avisé un petit Arabe qui tenait un cabas et je lui en ai fait cadeau; cet enfant, qui fait des commissions, s'est imaginé que je les lui confiais pour les porter et il me suivait comme un petit chien. J'avais beau lui expliquer que c'était pour lui, il ne me comprenait pas et continuait à suivre mes traces; je tâchai de m'esquiver dans la foule, peine inutile; sa probité lui donnait les moyens de me rejoindre et je l'avais toujours sur mes talons; j'en étais fort embarrassé; enfin il me vint une idée : je demande à un passant s'il parle arabe, je lui expose le danger de ma situation et il eut l'obligeance de faire connaître mes intentions à mon trop fidèle commissionnaire et de l'empêcher de me suivre.

Parmi les produits de l'horticulture exposés au marché d'Alger, il en est qui ne sont pas comestibles ; ce sont les marchandes de fleurs qui les vendent. Rien n'est plus varié et plus joli que les charmants bouquets de ces fleurs venues sans soin et en pleine terre : les roses, les œillets, les renoncules, les jacinthes, les tulipes, les violettes, les pensées, les giroflées, enfin toutes les fleurs que nous possédons en mai et juin, ornent ici les cheminées des dames algériennes. Que je voudrais, chère amie, pouvoir t'envoyer un de ces charmants bouquets ! Malheureusement il arriverait tout fané ; j'attendrai l'établissement du télégraphe électrique sous-marin qui doit réunir l'Algérie à la mère patrie. Outre les belles fleurs que je t'ai nommées, il en est quelques-unes indigènes, de très-belles liliacées dont je ne connais pas le nom. On est embaumé quand on passe auprès de ces charmants étalages. Le marché est aussi garni de fromages, de beurre, d'œufs ; parmi ces derniers, il en est qui sont d'une énorme grosseur et avec un desquels on pourrait faire une omelette pour vingt personnes ; tu devines que ce sont des œufs d'autruche. Tous les jours je vois des Arabes du désert qui en ont en étalage ; on les vend cinquante sous à trois francs pièce, suivant leur grosseur. Si ma *Nana* en désire pour sa basse-cour, je lui en apporterai une douzaine qu'elle pourra faire couver ; elle obtiendra de beaux poulets qui vaudront plus de cinq francs la paire.

Je t'ai parlé, chère amie, des chaleurs accablantes que nous avons eues pendant deux jours ; cette température était exceptionnelle en cette saison ; elle était due au *sirocco*, vent du désert qui vient quelquefois ôter aux habitants d'Afrique toute force et toute énergie. Ce vent du Sud règne ordinairement très-peu de temps, de un à trois jours au plus. Tu vois que je suis destiné à connaître les météores les plus remarquables des deux parties du monde que j'ai visitées. Je suis parti de Marseille avec le *mistral* et six degrés de froid, et deux jours après, j'arrive en Afrique pour voir régner le *sirocco*, accompagné de vingt-six degrés de chaleur. La transition était trop forte. Hier matin, le vent se mit à l'ouest et la température en . fut rafraîchie; elle était pareille à celle de notre mois de mai, quand il fait beau temps et que le soleil est radieux; elle est de quinze à dix-huit degrés et on ne peut plus agréable. Le ciel est d'une merveilleuse pureté; le climat d'*Alger* est bien beau en cette saison.

La vie ici est à bien meilleur marché que je ne pensais. Trois choses seulement sont assez chères, quoique moins qu'en France : le pain, le vin et la viande. Les autres denrées alimentaires sont à très-bas prix; j'ai vu vendre pour trente-cinq sous un lot de poisson pouvant suffire pour le repas d'un pensionnat. Une anguille magnifique et pesant trois livres s'est vendue dix sous et le reste à l'avenant. Ici la mer n'est point avare de ses habitants, elle prodigue ses faveurs et ses dons; le pêcheur est récompensé de ses labeurs. La variété des poissons est assez considérable et de forme bizarre, quelquefois très-belle, d'autres fois horrible. Le genre murène compte plusieurs espèces, dont quelques-unes fort belles et fort grosses. Je n'ai reconnu que deux poissons de l'Océan, le congre et la sardine. Les anchois y sont très-nombreux; mais ce poisson est un habitant de la Méditerranée. J'ai mangé des moules quatre fois plus grosses que celles que l'on vend à Paris. Un article comestible bon marché, ce sont les denrées coloniales, l'épicerie en général. Le plus beau sucre vaut douze sous la livre; en le prenant en pain, on l'a pour onze sous. Le café vaut dix-huit sous; les autres articles dans la même proportion. Ce bon marché tient à ce que ces denrées ne payent pas de droits de douane ou n'en payent que fort peu. Il résulte de là que les consommations dans les cafés sont à très-bas prix; il y a des cafés où l'on peut prendre une demi-tasse pour deux sous. Le prix moyen est de trois sous et quatre avec le petit verre; les cafés de premier ordre font payer cinq sous. Moyennant ce bas prix, je me régale de cet excellent tonique dont on m'avait recommandé d'user largement en Algérie, comme préservatif de la fièvre. J'ai reçu de plusieurs personnes, qui habitent ou ont habité notre nouvelle colonie, d'excellents conseils pour préserver la santé; je compte profiter de leur expérience et jusqu'à présent je m'en trouve parfaitement. Ma santé est excellente et je supporte sans trop de fatigue l'exercice presque continu que je prends. J'ai acheté une bouteille de rhum, qui me sert à tonifier l'eau sucrée que je bois pour me désaltérer.

Je suis allé aujourd'hui voir le préfet, pour m'entendre avec lui sur les tournées agricoles que je compte commencer vendredi. Il s'y est prêté de la meilleure grâce et m'a donné pour cicerone l'un des inspecteurs de la colonisation, qui doit m'accompagner dans mes explorations.

Cet excellent homme, avec lequel j'ai longtemps causé d'agriculture, est passionné pour cet art. Il voudrait voir les cultivateurs honorés et considérés comme le méritent ceux dont le travail et l'intelligence pourvoient aux besoins les plus impérieux de la race humaine, et il a en cela des idées fort justes, qu'il serait à désirer que notre gouvernement mît en pratique. M. *Lautour-Mézerai* a été sous-préfet dans nos environs, à *Joigny*, puis, en dernier lieu, dans le Var, à *Toulon*.

22 Février.

Je t'ai dit, chère amie, que tout avait ici une physionomie inconnue à nos contrées septentrionales. Il en est de même de certains usages. Tous les matins, un bruit retentissant fait vibrer les vitres de la ville: c'est le canon qui salue l'aube du jour et qui, en ébranlant les maisons, annonce aux habitants qu'il est temps de se lever. Le soir, sur les huit heures, un nouveau coup indique le coucher. Malgré cette imposante voix, chacun est libre d'en agir à sa façon, de se lever et de se coucher à l'heure qu'il lui plaît, excepté cependant les soldats, qui, le matin à six heures, passent sous mes fenêtres, précédés d'une délicieuse musique, et vont s'exercer au champ de manœuvres, et reviennent avec le même accompagnement sur les neuf heures du matin.

Ma visite au gouverneur général m'ayant fait manquer celle que m'a rendue M. *Hardy*, je vais ce matin au Jardin d'essai pour obtenir de lui des renseignements sur les cultivateurs de mûriers et les éducateurs de vers à soie.

4 heures du soir.

Je reviens du Jardin d'essai. M. *Hardy* m'a parfaitement reçu et a été gracieux; il m'a promené dans la partie la plus intéressante du jardin et m'a fait remarquer ce qu'il y avait de plus curieux à voir. J'ai vu chez lui une éducation de *bombix cinthia*, espèce de vers à soie qui vit de la feuille du ricin; les vers étaient à leur dernier âge et commençaient à monter; l'éducation avait terminé toutes ses mues et avait vingt-huit jours. Il m'a montré les cocons, qui sont fort laids, donnent une soie grossière et

5*

ne peuvent être filés. Dans l'état actuel, cet insecte ne pourra entrer en concurrence avec le bombix du mûrier; il lui est inférieur de toutes manières. L'insecte parfait, c'est-à-dire le papillon, ressemble à notre paon de nuit. Il a à peu près les mêmes couleurs, mais il lui manque les belles taches foncées qui caractérisent le papillon que je viens de nommer. Le seul avantage du nouveau producteur de soie est de pouvoir être cultivé toute l'année en Algérie; on peut en faire sept à huit éducations par année. Peut-être arrivera-t-on à obtenir des variétés plus avantageuses et à en tirer un meilleur parti. J'ai obtenu de M. *Hardy* le nom et l'adresse de plusieurs producteurs de soie que je compte aller voir, dans les environs d'Alger.

En revenant de cette course, je suis allé visiter une exposition de produits *algériens;* elle est intéressante. La zoologie y montre des quadrupèdes, des oiseaux, des reptiles, des crustacés, des mollusques et des insectes. Cependant ce musée d'histoire naturelle est incomplet, car je n'y ai vu figurer aucun des gros animaux, tels que lion, panthère, hyène, ni même de chameau. La série des bois d'ébénisterie est assez nombreuse en spécimens; j'y ai vu de jolis meubles faits en bois indigènes de plusieurs espèces, travaillés en marqueterie. J'ai vu, entre autres, un disque coupé sur un tronc de cèdre qui avait deux mètres de diamètre et cinq cents ans au moins. On calcule son âge par les couches concentriques qui le composent. Les tabacs, les cotons, les laines font espérer des matières premières à l'alimentation de nos fabriques; il y a aussi une assez grande variété d'étoffes et de tapis fabriqués par les indigènes; tout cela, en général, paraît grossièrement fait, en le comparant avec les produits similaires de la mère patrie. Je vais t'envoyer une capsule de coton que j'ai cueillie dans le Jardin d'essai.

Le courrier de France est arrivé, chère amie, et j'ai trouvé tes deux bonnes lettres des 14 et 16 courant, ainsi que celles de nos chers enfants. Avec quel transport de joie je les ai lues! Combien je bénissais cette administration des postes qui me les fait parvenir à quatre cents lieues de distance et à si peu de frais! J'ai aussi reçu celle de notre bonne *Élisa.* Je voudrais pouvoir répondre à ma bien-aimée fille *Isabelle,* mais je crains que cela ne retarde de cinq jours le départ de ma lettre, que je m'empresse de mettre à la poste. Merci, chère amie, de tous les renseignements que tu me donnes sur nos chers *Motteaux* et sur ses habitants. J'y répondrai par le prochain courrier.

Je t'embrasse tendrement, ma Caroline, ainsi que ma chère *Isabelle.*

STÉPHEN.

XIII

D'ALGER, 24 et 25 Février 1855.

A Madame Bailly.

Me voici, ma chère Caroline, revenu de mon excursion de *l'Arbah*. Ce village de nouvelle création a été bâti sur l'emplacement d'un ancien camp militaire, au delà de la plaine de la *Mitidja* et au bas des premiers contreforts de *l'Atlas*. Il est à un peu plus de sept lieues d'*Alger*, et au carrefour des routes de *Blidah* au *Fondouc*. J'ai pris une diligence à 6 heures 1/2 du matin et suis arrivé à dix heures. La route qui y conduit est fort belle et bien entretenue; elle traverse d'abord le *Sahhel*, groupe de montagnes environnant *Alger* et placées entre la plaine et la mer; ce pays est charmant et très-fertile; il est assez bien planté; la terre y est généralement argileuse et rougeâtre. Il y a encore beaucoup de défrichements à y faire; on y voit de place en place quelques fermes. L'on fait sur cette partie de la province trois lieues environ; puis on arrive sur les bords d'une rivière prenant sa source près de *Blidah*, et qu'on appelle l'*Arrach*. Elle côtoie le *Sahhel* et le sépare de la plaine de la *Mitidja* à cet endroit de la route. Ce cours d'eau est assez large, mais peu profond; on le traverse à gué. Il existait un pont qui a été emporté par une crue. On entre dans

la fameuse plaine de la *Mitidja*, nom qui en *arabe* signifie *mère du pauvre*, pour exprimer que sa fertilité est telle
que les pauvres y trouvent à vivre des productions sponta-
nées du sol. C'est une surface unie dont la longueur est de
trente cinq lieues, et qui contient, m'a-t-on dit, 180,000 hectares. C'est encore une terre vierge, où croissent une quantité innombrable de liliacées, nommées *asphodèles*, plante
forte et vigoureuse, qui donne une hampe d'un mètre de
hauteur, et garnie à cette époque de l'année d'un très-grand
nombre de fleurs d'un blanc rosé, qui produit un très-bel
effet. On a trouvé moyen d'utiliser la racine tuberculeuse
de ce beau végétal en en faisant de l'eau-de-vie. Il y a
aussi un très-grand nombre d'une autre liliacée à feuilles
larges et épaisses et qu'on appelle *scille maritime*. Au milieu de ces belles plantes l'on voit, çà et là, paître des
troupeaux de porcs noirs et de bœufs d'une petite race, mais
bien conformée ; ce sont ces bêtes à cornes qui, au nombre
de quatre à six par charrue, servent à labourer la terre.
De place en place on voit des champs cultivés et ensemen-
cés en céréales. Quelques fermes, nouvellement bâties,
sont à droite ou à gauche de la route. Les bâtiments sont
loin de répondre à l'étendue des terres, car quelques fermes
ont une très-grande surface ; on m'en a montré une qui a
900 hectares. Les abords de ces fermes ont généralement
des plantations de mûriers nouvellement mis en place.
Une très-grande partie de cette immense plaine est en
broussailles composées d'oliviers, de palmiers nains, de
jujubiers, lentisques, lauriers roses, chênes verts, ronces
et myrtes, etc., etc. Quelques bouquets de palmiers-dattiers
s'élancent dans les airs et balancent avec grâce leurs beaux
panaches de feuilles. Un ruisseau qui côtoie la route et a,
par ses érosions, creusé un lit assez profond, faisait connaître la nature du sol, qui est composé d'une couche de

terre végétale, dont l'épaisseur atteint souvent trois mètres. Les plantes que l'on confie à ce sol incomparable peuvent donc trouver à cette profondeur une terre aussi fertile qu'à la surface. C'est une source presque inépuisable de fécondité. Je suis enfin arrivé à l'*Arbah*; ce village est composé de 4 rues en forme de croix; au centre est bâtie une jolie église, située juste en face de la route et dans son axe; autour est une belle place carrée et plantée d'arbres, où se trouvent une fontaine, un abreuvoir et un lavoir. Les maisons qui composent ce village, de 200 âmes environ, sont assez bien bâties, mais généralement petites et insuffisantes aux besoins des cultivateurs. C'est un pays de petite culture et habité par des colons qui ont obtenu des concessions de deux à six hectares. Les terres y sont extrêmement fertiles, d'une culture facile, et peuvent être irriguées au moyen d'un cours d'eau qui descend de l'*Atlas,* ressource précieuse pour un pays où les sécheresses durent quelquefois de quatre à cinq mois. Cette partie de la *Mitidja* est assez bien défrichée et mise en valeur, mais la culture y est très-imparfaite; les labours sont très-mal faits; cependant, telle est la fertilité du sol, qu'un hectare rapporte souvent 7 à 800 francs de produit net, et que cette commune, qui contient si peu d'habitants, a vendu l'année dernière au gouvernement pour plus de 50,000 francs de tabac. C'est la culture dominante, car c'est celle qui donne le plus de bénéfice; ensuite vient celle de coton, puis les céréales, dont j'ai vu des champs qui donnaient l'espoir d'une très-belle récolte. On a planté des mûriers dont j'ai admiré la belle végétation, et qui, à six ans de plantation, étaient plus beaux que ceux de la France à douze ans. La culture de la vigne a été essayée et réussit à merveille. Mais un obstacle à cette culture est le goût prononcé des *chacals* pour le raisin. Cette espèce de renard en est très-friande et ne laisse aucun de ceux qui sont arrivés à l'état de maturité. Il faudrait les cultiver en treilles élevées, pour qu'ils soient obligés de dire comme le renard de la fable : « *Ils sont trop verts et bons pour des goujats.* » C'est un conseil que j'ai donné aux colons et dont ils me paraissent disposés à profiter ; je leur ai indiqué le mûrier à haute tige pour servir de support à leurs vignes et dont ils pourraient utiliser les feuilles pour leurs vers à soie. Je leur ai aussi indiqué un moyen simple et nullement dispendieux d'enterrer avec la charrue les grandes herbes et les vieux pieds de tabac qui restent sur terre. Ces gens-là l'ont parfaitement compris et doivent le mettre en pratique. J'ai visité plusieurs colons et je les ai questionnés ; ils me paraissent contents de leur sort, apprécient beaucoup le climat de l'*Algérie*, et lorsqu'ils sont secondés par leurs femmes, ils prospèrent et augmentent par des constructions et l'acquisition de terres les petites concessions que le gouvernement leur a faites.

Le temps, qui était couvert à mon départ d'*Alger*, est devenu brumeux, puis enfin s'est mis à la pluie. Il a fallu chercher un refuge dans une auberge, espèce de cabaret. J'ai vu avec peine qu'un billard était installé dans cet établissement et que la passion de ce jeu sera cause de la ruine de plus d'une famille. Nous remontâmes en voiture et revînmes à *Alger* par une pluie battante, pluie d'or pour ce pays qui, depuis deux mois, n'avait pas vu tomber une goutte d'eau. M. *Lapaine*, secrétaire général du gouvernement, était avec moi dans le coupé ; c'est un jeune homme rempli de capacité et d'une parfaite aménité ; nous avons causé des améliorations à introduire en *Algérie* ; il m'a parlé de reboisements que le gouvernement fait faire à *Douera* et que je dois aller visiter. Le bois est un des matériaux bien nécessaires, car l'Algérie en manque ; elle est obligée de faire venir ses bois de *Suède*; et ils reviennent ici à 85 francs le mètre cube. Cette cherté est un obstacle au développement des constructions navales, si utiles pour les cultures industrielles du tabac et du coton, cultures extrêmement productives et qui doivent faire la fortune de la colonie.

Ce qui manque aussi aux colons de l'*Arbah*, c'est le bétail de vente, celui qui rapporte de l'argent, les vaches, les porcs. L'exiguïté de leurs concessions et de leurs habitations s'oppose à ce qu'ils puissent en élever. C'est tout au plus s'ils peuvent abriter et nourrir leurs bœufs de travail. Ce défaut d'animaux producteurs les prive du laitage et de la viande qui leur seraient nécessaires.

24 Février.

M. *Hardy* m'ayant indiqué une personne qui élevait des vers à soie à *El-Biar*, commune située dans les environs d'*Alger*, à cinq kilomètres de cette ville, je m'y suis rendu ce matin; ç'eût été une charmante promenade si la poussière n'eût été changée en boue. Pour y aller, on prend la rue *de la Casba*, qui conduit au point culminant de la ville. On en sort et on monte une côte qui conduit au *fort de l'Empereur*; on arrive, tout en montant, au sommet de la montagne, et c'est dans cette partie, entre les deux mamelons, que se trouve le village d'*El-Biar*.

M. *Morin*, nom de cet éducateur, est un homme très-bien, décoré, et qui habite une maison moresque isolée dans la montagne. Ses plantations poussent admirablement et sont bien conduites; il a fait bâtir une magnanerie dans d'assez bonnes conditions; mais j'ai trouvé l'installation des claies et de leurs supports très-vicieuse et incommode;

le service s'en fait si difficilement qu'il a été obligé de renoncer à l'emploi des filets qui abrégent tant le travail du délitement. Je lui ai expliqué ma méthode, qu'il a très-bien comprise et qu'il doit essayer. Il m'a engagé à venir déjeuner demain chez lui, où je trouverai quelques cultivateurs de son voisinage.

J'ai fait ici une connaissance qui me sera fort utile pour me renseigner sur les mœurs et les usages des indigènes. C'est un peintre, artiste distingué et de mérite, qui, contrairement aux habitudes de ses confrères, a une conduite très-régulière, et emploie le fruit de son talent et de son travail à subvenir à l'existence de plusieurs de ses frères sans fortune et dont depuis longtemps il est le soutien. Il a acheté à l'*Arbah* une propriété où il en a installé plusieurs; ce jeune homme est d'un caractère très-doux et d'un commerce très-agréable; il s'appelle M. *Lauret*; il est l'aîné de la famille. Il habite l'*Afrique* depuis six années; il est ami de M. *Mongellas*, auquel j'avais été recommandé par mademoiselle *Delavalle*. Je le vois chaque jour à mon hôtel, où il prend ses repas, et nous nous promenons assez souvent ensemble. Il sera mon cicerone et va m'initier à des mœurs et à des usages qui me seraient restés inconnus sans son secours et son obligeance.

25 Février.

J'ai fait connaissance, ma Caroline, avec un jeune homme qui va fonder en *Kabylie* une usine pour la fabrication des huiles. Il était fort embarrassé pour le genre de construction à adopter en ce pays. Je lui ai parlé de nos bâtiments en papier goudronné, et il doit envoyer son associé pour les voir; s'ils lui conviennent, il pourra s'entendre avec *Jules Lacour* pour la direction de cette construction. Je lui ai aussi donné l'adresse de **M.** *Lechevalier*.

Adieu, chère amie de mon cœur; je t'embrasse bien tendrement, ainsi que notre chère *Nana*.

Tout à toi.

STÉPHEN.

XIV

D'ALGER, 26 et 27 Février 1855.

A Madame Bailly.

Je te remercie bien, ma Caroline adorée, des détails que tu me donnes sur nos travaux des Motteaux; je vois qu'ils ont été bien contrariés par le temps, qu'on n'a pu faire que très-peu de chose et que, vu la quantité de neige tombée en France, il se passera encore quelque temps avant que la terre soit assez ressuyée pour faire les labours.

Tandis que vous gelez chez vous, il fait ici une très-agréable température, ni chaud ni froid. Cependant, depuis hier, le temps paraît se mettre aux giboulées, et quand un grain vient à tomber cela refroidit l'atmosphère. Cela néanmoins n'est rien en comparaison des giboulées de France, et l'on ne pense pas à faire de feu. C'est le vent du nord-ouest qui nous amène ces ondées, qui sont très-favorables à la végétation de ce pays.

Je suis allé hier déjeuner à *El-Biar*, chez M. *Morin*, qui m'avait fait cette aimable invitation. Deux de ses amis, cultivateurs comme lui, sont arrivés; le repas était très-copieux et bien ordonné pour une maison où je n'ai pas vu de maîtresse; tout était fort bon, et, contre mon habitude, j'y ai fait un formidable honneur. Tu conçois qu'entre cultivateurs la conversation a été presque entièrement agricole ; j'ai été assez heureux pour pouvoir indiquer à ces messieurs quelques méthodes de culture qu'ils ne connaissaient pas et qu'ils comptent mettre en pratique. Je leur ai aussi parlé de mes constructions en papier, qui les ont fort intéressés, car en *Algérie* on éprouve grandement l'insuffisance des bâtiments ruraux et on souffre beaucoup de cette privation dans un pays où l'on fait considérablement de cultures industrielles, telles que tabac, coton et soie. Je leur ai aussi donné le croquis de nos houes à cheval, instrument qui doit rendre ici de grands services ; puis d'autres petites ficelles de culture qui leur étaient inconnues. Tout cela m'a mis en haute estime à leurs yeux. Ces messieurs m'ont retenu presque toute la journée et ont eu la complaisance de m'accompagner jusqu'à moitié chemin d'*Alger*.

Aujourd'hui je me disposais, ou, pour mieux dire, j'étais en route pour *Chéragas*, village situé à deux lieues et demie d'*Alger*, pour voir les cultures de M. *Fruitier*, colon qui a une belle exploitation dans cette commune, lorsque j'ai rencontré M. *Morin*, d'*El-Biar*, qui me dit que je ne trouverais pas ce cultivateur, qui était à la séance de la Société d'agriculture d'*Alger*, dont il fait partie. Cela changea mes dispositions et je revins en ville. Je me rendis au siége de cette société, où je vis M. *Fruitier*, qui m'engagea à venir un matin visiter son exploitation et déjeuner chez lui, ce que je compte faire cette semaine. Demain matin, si le temps est beau, j'irai avec M. *Roi*, mon cicerone, au village du *Fondouc*, situé au bas de l'*Atlas*, au delà de la plaine de la *Mitidja*, que je traverserai de nouveau dans une partie que je n'ai pas encore vue. Au retour, je dois aller coucher chez M. *Trottier*, avec lequel j'ai déjeuné hier, et qui m'a offert l'hospitalité ; et je reviendrai le lendemain soir à *Alger*. Tous ces projets sont subordonnés au temps, car s'il pleut, il n'y a rien à voir et j'aime mieux, dans ce cas, rester à *Alger*.

Dans le récit que je t'ai fait au sujet des populations algériennes, j'ai omis deux sortes d'habitants qui sont assez nombreux : d'abord les *juifs* qui, comme partout, sont adonnés au commerce de détail ; ils se distinguent par leur habillement, qui a un caractère particulier. Les hommes portent, comme les *Maures*, une large culotte attachée au-dessous du genou, une veste à manches de couleur, une large ceinture formée d'un châle uni ou bariolé qui entoure la taille, une cravate noire, des bas bleus, gris ou blancs, des souliers français. Leurs cheveux sont coupés à la *Titus;* leur coiffure est un turban blanc, couvrant un bonnet de soie noire. Les jeunes juifs portent, ou une casquette, ou une calotte grecque rouge, entourée d'une torsade bleu foncé. Les femmes juives portent une longue robe de couleur, attachée à la ceinture avec un foulard. Leurs bras sont nus jusqu'aux épaules, ou recouverts avec des manches transparentes en tulle blanc. Leur chaussure consiste en bottines, bas blancs ou babouches vertes ; elles portent des bracelets en or aux jambes au-dessus de la cheville. Elles se coiffent avec des cheveux en bandeau attachés au chignon, sur lequel est placé un mouchoir en soie de couleur. Quand il fait froid, elles mettent sur leurs épaules un châle de cachemire carré.

Ensuite les *nègres*, qui sont en assez grand nombre. Les hommes portent l'habillement arabe dont je t'ai parlé ; les *négresses* s'habillent comme les femmes arabes, mais ne portent pas de bandeau et ne cachent pas leur figure. Elles ont grand tort, car, en général, elles sont affreuses. Ce sont elles qui vendent au détail des petits pains et autres comestibles. Elles s'accroupisssent le long des bornes, en attendant le chaland. Beaucoup sont nourrices ou bonnes d'enfants. En général, cette race fait les travaux les plus grossiers et les plus pénibles de la ville.

Je devais aller aujourd'hui au *Fondouc*; mais j'ai reçu de mon cicerone avis qu'il y avait empêchement de sa part. En conséquence, malgré une pluie assez abondante, je me suis rendu à pied à *Chéragas*, chez M. *Fruitier*, où j'ai passé la journée. Le temps s'est levé sur les dix heures, et un beau soleil a succédé à la pluie. J'ai vu chez cet habile cultivateur des choses fort intéressantes. Il a comme moi le goût des plantations et des essais. Il élève lui-même ses arbres en pépinière; il a des plantations de mûriers très-nombreuses; il en a d'autres en orangers, citronniers, bananiers; et, en outre, des plantes qui sont employées dans la parfumerie. Il a des nopals pour élever de la cochenille. Il fait des patates, du tabac, du coton, des froments superbes. Il a un cours d'eau, avec lequel il fait des irrigations. Il a drainé une partie de ses terres qui étaient trop humides; enfin il est rempli d'intelligence et d'activité; c'est un colon sérieux, qui tire bon parti de ses terres et qui vient d'obtenir un prix de 2,500 francs pour la culture du coton.

Je n'ai eu chez lui qu'à admirer ses cultures et son organisation. Je suis revenu ici un peu fatigué; j'avais fait six lieues à pied, et deux environ à parcourir sa propriété. Je vais, chère amie, terminer cette lettre en t'embrassant, car demain il faut que je me lève de bonne heure pour partir pour le *Fondouc*.

Ton ami,

STÉPHEN.

XV

D'ALGER, 1, 3, 4 et 5 Mars 1855.

A Madame Bailly.

Alger, le 1er Mars 1855.

Me voici, ma chère Caroline, revenu de mon excursion du *Fondouc*. Je devais la faire avec M. *Roi*, inspecteur de la colonisation, et le rendez-vous était à six heures un quart du matin, le mercredi 28 février. Je ne sais quelle cause l'a empêché de s'y trouver. La voiture l'a attendu inutilement jusqu'à sept heures. Son absence n'a pas changé mes projets et je suis parti sans lui. J'ai traversé toute la largeur de la *Mitidja* par une route que je ne connaissais pas encore ; cette route est parallèle au rivage de la mer. Entre les dunes qui bordent la Méditerranée et la route, il y a, dans l'espace d'une lieue et demie, des jardins maraîchers parfaitement cultivés et d'où proviennent presque tous les légumes européens qui approvisionnent le marché d'*Alger*. Les artichauts, qui forment un commerce d'exportation pour la France, couvrent un tiers environ de cette longue bande de terre, dont la fertilité est surprenante. Ces beaux végétaux étaient en pleine production et couverts de têtes bonnes à couper. L'espèce cultivée ici n'est pas la même que celle de *Laon* ; c'est un artichaut violet et plus hâtif que celui des environs de *Paris*. La quantité envoyée

6

en France est innombrable et forme le chargement de plusieurs navires chaque semaine. L'*Algérie* va remplacer les cultures forcées de nos maraîchers de *Paris*.

Je traversai l'*Arrack* sur un vieux pont de pierre, bâti par les Maures. J'arrivai au bas d'une côte au sommet de laquelle se trouve la *Maison-Carrée*, caserne construite par les Turcs, crénelée et fortifiée. Elle est aujourd'hui inhabitée, et, comme la maison de *Cadet-Roussel*, ne sert qu'à loger les hirondelles. A propos d'hirondelles, je te dirai que j'ai été fort désappointé en ne les voyant pas voltiger, comme je l'espérais; l'hiver, quoique très-doux, n'est pas assez doux à *Alger* pour leur permettre d'y passer l'hiver; elles vont je ne sais où; je n'en ai pas vu la queue d'une seule. La route, après avoir fait un lacet autour de la Maison-Carrée, entre en pleine *Mitidja*, traverse cette plaine presque en ligne droite et arrive au *Fondouc*, vieux village ayant près de vingt ans de fondation; je dis vieux, comparativement, parce que dans ce pays tout neuf, vingt années sont plus que deux ou trois siècles dans notre vieille Europe. *Fondouc* ayant été créé avant la soumission des *Arabes*, a été entouré d'un mur de clôture crénelé, avec quatre tours carrées fortifiées, placées aux angles d'un quadrilatère, ce qui forme un clos de quatorze hectares, où se trouvent les maisons et les jardins des colons. Il y existe deux fontaines et un lavoir, alimentés par une source intarissable. Cet enclos ne contient encore que quatre-vingts feux et quatre cents habitants environ, et est susceptible d'en contenir un bien plus grand nombre; il y a une brigade de gendarmerie. Ce village deviendra le chef-lieu d'un canton. On y a construit l'année passée un bel aqueduc à arcades, amenant les eaux de la rivière appelée *Hammiz*, descendant de l'*Atlas*, destinée à l'irrigation des terres et favorisant les cultures industrielles du tabac et du coton. Le blé forme le principal produit de ce village; on y récolte d'excellent foin très-estimé et exporté à *Alger*; la culture du tabac y est généralement adoptée et est la plus profitable de toutes. Le maïs réussit parfaitement; il y a un assez grand nombre de mûriers, et l'on a commencé des éducations de vers à soie, qui généralement réussissent très-bien, mais qui cependant, l'année passée, ont éprouvé des revers.

La culture du coton a été essayée, mais n'a guère été couronnée du succès; il est à craindre qu'on ne l'abandonne.

Les vaches et les moutons manquent aux colons; ils n'ont que des bœufs, ânes ou mulets qui leur servent de bêtes de trait pour cultiver leurs terres et conduire leurs denrées au marché. Sur l'observation que je leur ai faite à ce sujet, ils m'ont répondu que le morcellement des terres et la difficulté de se procurer des vaches qui veuillent donner leur lait, étaient des causes d'empêchement. Ils ont quelques porcs noirs et de moyenne grosseur. Je dois à M. *Moreau*, maire de la commune, une grande partie de ces renseignements.

J'ai quitté le *Fondouc* sur les trois heures et me suis rendu chez M. *Trottier*, qui demeure à la *Rassauta* et m'avait offert l'hospitalité. Ce colon est un homme instruit, dont la conversation est intéressante. Il demeure depuis quinze ans en *Algérie* et s'occupait de la production du lait, qu'il fait vendre à *Alger* à 40 centimes le litre; il a gagné de l'argent à cette spéculation; il demeurait à une lieue de la ville; sa concession n'était que de huit hectares, et il trouvait moyen d'y nourrir soixante vaches; depuis deux ans il en a obtenu une autre dans la plaine de la *Mitidja*, de 45 hectares, à laquelle il a ajouté 30 autres hectares qu'il a achetés; il destine ces terres à la production du bétail à cornes et y a maintenant 60 autres vaches, dont il élève toutes les génisses; il portera le nombre de son troupeau à 2 à 300 bêtes et fera, je crois, une bonne affaire. Je lui ai parlé de mes constructions économiques, dont il va faire l'essai et qu'il propagera dans le pays s'il en est satisfait ; il va aussi faire faire une houe à cheval pareille à la mienne ; mon voyage en *Algérie* ne sera donc pas inutile à la colonie, et j'y laisserai des traces de mon passage. Je suis resté vingt-quatre heures chez ce propriétaire ; je suis allé voir avec lui un nouveau village situé sur les bords de la mer, et fondé depuis deux ans ; il se nomme le *Fort de l'eau*, à cause d'un ancien petit fort bâti par les *Turcs*. Il y a déjà 40 maisons pouvant contenir 200 habitants, presque tous *Mahonais*. Les habitants des *îles Baléares* sont très-nombreux aux environs d'*Alger*. C'est une population laborieuse et économe, qui arrive n'ayant pas le sou et qui en peu de temps obtient des concessions et a un capital suffisant pour se bâtir une maison, défricher ses terres et se trouver dans l'aisance. Si l'on connaissait en France toutes les ressources que ce beau pays d'Afrique procure aux cultivateurs sérieux, notre colonie serait peuplée en peu d'années. Je suis reparti à quatre heures et suis arrivé à six à *Alger*, très-satisfait de mon excursion ; en revenant, j'ai examiné les *Norias*, ou pompes à godets, qui servent à puiser l'eau des puits nécessaire à l'arrosement des cultures maraîchères. Cette machine est très-simple ; elle consiste en une roue à très-large jante, autour de laquelle s'enroule une corde sans fin ; à cette corde sont attachés de nombreux godets en terre cuite, de la grosseur de nos pots à lait, qui vont puiser l'eau et la versent dans un grand bassin en maçonnerie pouvant contenir plusieurs centaines d'hectolitres. Cette eau prend la température atmosphérique et est employée, soit à l'irrigation, soit à l'arrosement des cultures. Les *Norias* sont mises en mouvement par un manége, où l'on attelle un mulet ; c'est une excellente invention introduite par les

Maures d'Espagne quand, expulsés de ce pays, ils vinrent s'établir en Algérie.

3 Mars.

J'ai trouvé hier tes deux bonnes lettres, ma chère Caroline; je les attendais avec impatience; combien mon cœur battait en les recevant et les ouvrant! Combien je vous plains de souffrir d'un hiver si long et si rigoureux! Que vos journées doivent être tristes, ne pouvant vous distraire par un tour de promenade dans ce mois de février où il y a ordinairement de si belles et si agréables journées! Après la neige viendront les giboulées, les vents froids et glacés du nord-ouest. Que n'êtes-vous ici jouissant du beau climat d'Afrique, où le feu est une chose superflue, et où rarement on éprouve le besoin de se chauffer; où, en cette saison, on recherche l'ombre, tant le soleil est chaud et brillant; où la campagne est si riche de fleurs, et les promenades si variées et si agréables! J'espère qu'un jour viendra où tu pourras connaître cette belle nature et passer avec moi un hiver en *Algérie*.

J'ai reçu d'*Élisa* une seconde lettre, qu'elle m'a écrite, croyant que la première ne m'était pas parvenue.

Je vois, d'après ce que tu me dis, que je n'ai pas besoin de rien ajouter à la note des travaux que je t'ai donnée, et qu'à mon retour tout ne sera pas fait. Mon absence ne nuira pas à nos travaux.

J'apprends avec plaisir que *Charles* a une occcupation; mais je le plains d'en avoir une si peu compatible avec ses goûts. Mon intention n'est nullement d'aller aux mines de *Mouzaïa*; ce voyage n'atteindrait en aucune manière le but que je me propose.

Ne te préoccupe pas, chère amie, de notre exposition; la

6*

nature de nos produits nous donne la latitude de ne les
envoyer qu'au mois d'avril. Je vais d'abord écrire à M. *Per-
rot* à ce sujet, et la mission que je remplis ici me fera accorder un délai de faveur.

Sachant que notre bon *Émile* était retourné à *Paris*, je
lui ai écrit; j'espère qu'il me répondra et me donnera des
nouvelles de sa santé. Le voyage qu'il a fait a dû être bien
pénible; attendre six heures dans une station, quelle fatigue
et quel ennui il a dû éprouver!

La serre doit être bien jolie actuellement; je pense que
tu vas quelquefois y récréer ta vue, en jetant les yeux sur
notre plate-bande, qui doit être maintenant en pleine flo-
raison; tu jouis là d'un échantillon de l'*Algérie*. C'est à
présent le moment de multiplier les verveines; dis à Joseph d'en faire force boutures étouffées et de tâcher de ne
pas les laisser fondre en les conservant trop longtemps
sous châssis.

4 Mars.

Vendredi je suis sorti dans les environs d'*Alger*; je
suis allé faire quelques croquis, puis je suis revenu t'é-
crire; samedi a été une journée de repos, et en cela j'ai
imité une partie de la population algérienne qui fête le
jour du sabbat. Je voyais toutes les *juives* endimanchées,
avec leurs belles robes de soie, leurs foulards, leur petite
toque dorée placée sur le chignon, leurs beaux cheveux
noirs en bandeau; je n'étais pas entousiasmé de leur figure, qui a un caractère national particulier; j'en ai vu
très-peu de jolies. Le soir, je me suis rendu au spectacle;
on donnait un joli opéra-comique, intitulé : *Le rêve
d'une nuit d'été.* C'est presque un grand opéra, tant la
musique tient de place dans cette charmante pièce; les

acteurs ont fait preuve de bonne volonté; ils ont fait de leur mieux; malheureusement elle ne suffit pas et ne peut remplacer le talent. L'administration du théâtre ferait mieux de ne pas tant prodiguer la musique et de s'en tenir aux vaudevilles et aux comédies.

Je vais partir pour *Oran* jeudi prochain, huit courant; j'ai demandé mon passage pour ce jour-là. Je resterai le moins possible dans cette province et reviendrai à *Alger*, et terminerai mon voyage par *Blidah* et *Milianah*.

5 Mars.

Je suis allé hier, ma chère Caroline, passer la journée à *El-Biar*. J'ai déjeuné chez M. *Morin*, maire de la commune, avec M. *Trottier* et M. *Leteule,* deux colons dont je t'ai parlé et qui font, de compte à demi, la spéculation du laitage et de l'élevage des bestiaux; nous faisions un quadrille agricole, où j'ai pu me renseigner sur les produits de l'Algérie. M. *Leteule*, l'un des convives, m'a invité à dîner; j'ai accepté, et la journée entière s'est passée avec ces aimables et instruits habitants des environs d'*Alger*. Le soir, un monsieur âgé, et qui a l'habitude de se réunir le dimanche à mes amphitryons, est arrivé chez M. *Leteule*. J'étais prévenu qu'il était habile chimiste; j'ai donc pu amener la conversation sur la belle science qui était l'objet de ses occupations favorites.

Nous avons causé des anciens professeurs dont il avait, ainsi que moi, suivi les cours; chacun a pris part à l'entretien, car les autres personnes, sans avoir fait d'études spéciales de la chimie, n'étaient pas étrangères à cette utile science. J'ai parlé des expériences de mon gendre, *Louis de Vilmorin*, dont la réputation est connue en *Algérie* aussi bien qu'en France. J'ai parlé aussi de son désintéressement à l'égard de ses découvertes, dont il voulait faire profiter l'humanité. La soirée s'est ainsi passée sans qu'on s'en aperçût, et j'ai été tout étonné de voir qu'il était neuf heures et demie. J'ai quitté la société avec mon collègue le chimiste, et nous sommes revenus ensemble à Alger par un magnifique clair de lune. Nous sommes entrés dans la ville par une rue que je ne connaissais pas et qui a reçu le nom d'*Isly*, en mémoire du célèbre maréchal qui a gagné cette bataille. C'est la plus belle rue d'Alger; elle a environ un kilomètre de longueur, est aussi large que la *rue de la Paix* à Paris, et bordée de très-belles maisons, qui peuvent passer pour des hôtels. Quand cette magnifique voie de communication sera entièrement bâtie, *Alger* n'aura rien à envier sous ce rapport aux plus belles villes de l'Europe. Une belle statue en bronze du maréchal *Bugeaud* orne le milieu d'une place faisant partie de la rue.

Je comptais ce matin me rendre à *Staouëli*, où se trouve un établissement de *trappistes*, pour lequel j'ai une lettre de recommandation du préfet; mais le temps est bien changé, la pluie tombe, et je remettrai cette partie à demain.

Tu vois, ma chère Caroline, que je ne t'épargne pas les détails de mon existence en *Afrique;* c'est que j'ai du plaisir à l'écrire et qu'il me semble que cette occupation me rapproche de toi. Je pense que je n'ai pas besoin de te recommander de garder mes lettres; elles seront pour nos enfants une lecture attrayante; et moi-même je relirai avec plaisir ce souvenir du voyage si intéressant que je fais dans ce beau pays.

Je t'embrasse tendrement.

Tout à toi.

STÉPHEN.

Adresse toujours les lettres poste restante, à *Alger*.

XVI

A Madame Bailly.

Me voici, ma chère Caroline, dans le couvent des trappistes de *Staouëli*. J'y suis arrivé hier soir à cinq heures; j'ai
sonné, et le frère-portier est venu m'ouvrir; je lui ai remis
la lettre que le préfet d'Alger m'avait donnée pour le révérend père abbé. Je n'attendis pas longtemps son arrivée;
c'est un homme grand, d'une cinquantaine d'années, d'un
air rempli de distinction, qui a l'usage du monde et un
excellent ton. Il s'appelle le père *Timothée*; il me reçut
avec affabilité, et me donna de suite l'hospitalité dans l'intérieur de la communauté. Après avoir causé quelque temps
du but de ma visite, il fit venir un religieux, nommé père
Romuald, qui était venu en Algérie à l'époque de la fondation de l'établissement. Nous nous sommes entretenus une
partie de la soirée; puis ces bons pères allèrent à leurs
exercices religieux, me firent souper et me souhaitèrent le
bonsoir. Le père *Romuald* me remit un manuscrit qu'il
avait écrit sur la colonisation algérienne; j'en ai lu quelques
articles, et j'ai trouvé qu'il avait parfaitement décrit les
causes qui s'opposent à sa prompte réalisation, et les
moyens qu'il faudrait employer pour y parvenir. Il est à

désirer qu'il publie cet ouvrage, qui ne peut manquer d'éclairer l'administration. Les trappistes se couchent à sept heures du soir; je les imitai en me couchant de bonne heure. Je ne me levai pas si matin qu'eux, et je ne sortis de mon lit qu'au lever du soleil. Je trouvai le père *Romuald* avec lequel je commençai une promenade agricole; le révérend père *Timothée* se joignit à nous; nous visitâmes d'abord les jardins qui sont bien entretenus, fournissent beaucoup de légumes et sont plantés d'arbres fruitiers d'Europe et d'Afrique, c'est-à-dire de poiriers, pommiers, amandiers, abricotiers, cognassiers, pêchers, orangers, citronniers, oliviers, figuiers, néfliers du *Japon*, etc. J'y ai vu des pépinières qui servent à entretenir les nombreuses plantations qui existent, et à en faire de nouvelles.

Le bel établissement des *Frères de la Trappe* a été fondé en 1844; il contient 1,050 hectares, dont le tiers seulement est défriché; les terres sont de qualité très-variable; il y en a de sablonneuses et d'argileuses. Je visitai une pièce de 15 hectares, plantée de vignes, dont la vigueur surpasse tout ce qu'on peut imaginer de mieux en France; j'y ai vu des sarments, des pousses d'une année, ayant 3 centimètres de diamètre et 20 pieds de longueur. Il y existe des plantations de mûriers, au nombre de 3,000 pieds à haute tige; elles laissent à désirer sous le rapport de la culture. L'heure du dîner nous rappela au monastère. On nous servit les mets des trappistes, des légumes assaisonnés avec du sel, seule manière permise de les accommoder en temps de carême. Pour les voyageurs on servit du beurre et un huilier, destinés à compléter l'assaisonnement; on y joignit une copieuse omelette. J'en pris ma part; mais je voulus manger les légumes tels qu'on les servait aux bons religieux. Je dois avouer que si la saveur n'en est pas repoussante, elle est peu attrayante; le palais y constate aisément l'absence de corps gras. Il est inutile d'écrire en grosses lettres sur les murs du réfectoire : « *Il faut manger pour vivre, et non pas vivre pour manger.* » Cette dernière partie de la belle maxime de l'avare de *Molière* devient ici complétement superflue. Après le dîner je continuai ma promenade agricole; je vis de très-beaux blés faits dans un terrain sablonneux et qui promettaient une très-belle récolte; je vis des labours exécutés à la charrue par les frères convers; ce travail était, en général, peu satisfaisant, tant sous le rapport de la profondeur que sous celui de la régularité. Les charretiers laboureurs algériens sont rarement d'habiles ouvriers, et on rirait en France si on voyait de pareils labours. Eh bien, telle est la fertilité du sol, que l'on obtient de bonnes récoltes malgré l'imperfection du travail. Le révérend père nous quitta pour suivre les exercices religieux et je restai avec le père *Romuald*, homme instruit, qui a dirigé en France des cultures pendant vingt trois ans, et qui est rempli de bonté; il reverse sur les végétaux l'affection qu'il ne peut avoir pour la famille; il soigne les arbres avec une tendresse paternelle; il les greffe, les redresse, les protége; ce sont ses véritables enfants; il les montre avec orgueil et fait remarquer qu'un pépin, un noyau qu'il a semé, donne maintenant un arbre rapportant des fruits. Il se désolait à la pensée qu'un mur de clôture que l'on construit allait lui en faire périr quelques-uns. Cet intérêt, cet attachement qu'il avait pour ses élèves, prouvent que l'homme est toujours homme et que malgré la ferme volonté de se détacher de ce monde, il trouve toujours quelques liens qui l'y retiennent malgré lui.

Je profitai de mon tête-à-tête avec mon cicerone pour m'informer du nombre des frères existant dans la communauté et du personnel qui s'y rattache, ainsi que des règlements qui les régissent. J'appris que la communauté se composait de quatre-vingts frères environ, dont un tiers se nomme *religieux de chœur*, et les deux autres *frères convers*.

Les premiers sont habillés d'un pantalon à pied de drap blanc, d'une robe de même étoffe à capuchon, attachée à la ceinture avec une lanière de cuir jaune; une espèce de manteau en drap noir, surmonté d'un capuchon de même étoffe, leur couvre le dos et la poitrine quand le temps est froid; ils ont la tête rasée et portent toute leur barbe; ils s'occupent particulièrement des exercices religieux. Les frères convers sont habillés de la même manière, mais la couleur de leur vêtement est marron; ils sont employés aux travaux agricoles et industriels de l'établissement; les uns tiennent la charrue; d'autres s'occupent du jardin, des vignes, des pépinières, du charronnage, de la forge, de la menuiserie, de la cuisine, etc. Ils ne sont pas obligés, comme les frères de chœur, d'assister à tous les exercices religieux. Il y a ici un assez grand nombre d'ouvriers séculiers, une cinquantaine environ; plus 20 condamnés militaires qui y sont nourris et payés; ce qui forme une population d'à peu près 150 personnes. Les frères se lèvent tous les jours à deux heures du matin; ils assistent à des exercices religieux pendant deux heures; puis chacun vaque à ses occupations respectives jusqu'au déjeuner, qui a lieu à sept heures. En temps de carême, ce repas est supprimé. La grand'messe se dit à huit heures; les frères de chœur sont tenus d'y assister; on dîne à onze heures et demie; on goûte à quatre heures et demie; on va à vêpres et au salut, et on se couche à sept heures, comme je l'ai dit.

La nourriture est simple et frugale, trop frugale même; de la soupe, des légumes, du laitage, du fromage et des fruits; jamais de viande. En carême tout assaisonnement autre que le sel est prohibé; la sobriété est observée rigoureusement. Elle entretient chez les frères une santé peinte sur leur visage; la boisson est du vin et de l'eau. Le silence n'est obligatoire que pour les frères de chœur; ceux-ci ne peuvent se permettre d'adresser la parole à leur supérieur; ils se font entendre par signes. Les frères convers ont la faculté de parler, mais seulement quand on les interroge et encore très-brièvement. Ils ne s'adressent pas entre eux les paroles mystiques qu'on leur attribue, et ne creusent pas leur fosse, comme on le dit généralement.

En continuant ma promenade avec le bon père *Romuald*, je vis des semis de pois, de lentilles et autres légumes destinés à la nourriture de la communauté. Je vis aussi des plantations de tabac qu'on était en train d'exécuter. Je remarquai une énorme racine de chardon; l'ayant mesurée, je lui trouvai 48 centimètres de tour, sur deux mètres de longueur; l'ayant entamée avec un couteau, je lui trouvai une odeur très-prononcée de benjoin; les porcs mangent avec avidité cette gigantesque production du sol africain.

Je vis des plantations d'amandiers, au nombre de 1,500 environ.

Je visitai la basse-cour; elle forme une grande cour carrée, entourée de hangars et de vacheries, porcheries et écuries. Le nombre des gros animaux est de 150, dont 15 chevaux, 7 à 8 poulains, 24 bœufs de trait, autant de bœufs d'engrais, une trentaine de vaches, des juments poulinières et le reste en élèves de génisses, de taureaux et de bœufs.

Il y a aussi un troupeau de moutons de 8 à 900 têtes, et environ 250 à 300 porcs. La majeure partie de ces animaux vit dans les 700 hectares de terre en friche, et le tout fournit une très-grande quantité de fumier, qui entretient la fertilité des terres.

7

J'ai vu, chose qu'on aurait de la peine à croire en France, des terres argileuses si humides qu'on ne pourra en tirer bon parti qu'en y pratiquant du drainage.

Les bâtiments de la communauté sont vastes; ils se composent d'une porte d'un assez bon style donnant entrée dans une grande cour entourée de constructions et de remises. Un beau groupe de palmier-dattiers est planté dans cette cour, et a déjà 12 ou 15 mètres de hauteur. Le bâtiment occupé par les frères est un cloître carré avec deux galeries à arcades, faisant le tour d'une vaste cour plantée en orangers et donnant entrée dans les cellules des religieux. Au milieu de la cour, ou pour mieux dire du jardin, se trouvent un bassin et une fontaine, alimentée par une source. L'église est de la plus grande simplicité; elle occupe le côté ouest du carré et n'est composée que de quatre murs blanchis à la chaux; elle n'est pas voûtée; elle est divisée en deux parties, l'une pour les *frères blancs* et l'autre pour les frères convers. L'intérieur du cloître, quoique simple, a un aspect monumental.

ALGER, le 7 Mars.

Me voici revenu ici, ma chère amie, un peu moins bien portant que je n'en étais parti. Mon estomac s'était contenté des repas de trappiste; mes intestins ne furent pas aussi accommodants; ils entrèrent en révolte, en complète insubordination; ils s'armèrent d'une formidable artillerie et ne ménagèrent pas leurs munitions; tous les quarts d'heure c'était une bordée qui m'obligeait de me mettre à couvert en certain lieu; je désirais une purgation, elle est arrivée. Il me souviendra des bons pères!

A propos des pères de la *Trappe*, je leur ai promis des pois de Boulogne et d'autres graines; comme le mo-

ment d'en faire les semis presse en ce pays, je te prie
de faire remettre à la voiture de *Sens* un paquet solide, ren-
fermant cinq à six litres de pois de Boulogne, deux litres
de haricots d'Alger, une livre de graine de betteraves, une
demie de carottes blanches et une demi-livre de graine
de rutabagas. Je me trouverai ainsi payer l'hospitalité qui
m'a été si généreusement accordée, et les repas qui ont
eu un effet si laxatif. Tu adresseras le paquet, sans l'af-
franchir, *au révérend père de la communauté de la Trappe,
à Staouëli (Algérie)*. Je te prie aussi d'écrire une lettre
d'avis au révérend père, pour annoncer le départ de cet
envoi. Tu affranchiras la lettre.

On signale l'arrivée du courrier de France; je me suis
rendu aussitôt sur la place du Gouvernement et je sui-
vais avec un indicible intérêt la marche de ce bâtiment
qui devait m'apporter tes lettres si chéries; il ne marchait
pas au gré de mon impatience; enfin il arriva au port
en faisant un détour. J'entendais dire à côté de moi : « Ce
» n'est pas le courrier de France, c'est le *Languedoc* qui
» revient au port; je le reconnais à ses deux cheminées; il
» lui sera arrivé quelque avarie. » Je me désolais en écou-
tant ces sinistres prédictions; heureusement elles étaient
fausses, et le beau navire qui portait tes lettres est venu
jeter l'ancre à sa place ordinaire à quatre heures et demie du soir. Il me faut encore attendre trois ou quatre heures
avant que je puisse recevoir tes nouvelles.

8 heures du soir.

Enfin, chère Caroline, j'ai reçu quatre lettres : deux de toi,
une de *Charles*, et une autre de nos bons voisins de *Pibrac*. Je suis de suite retourné à mon hôtel et me suis
enfermé pour ne pas être dérangé dans la lecture de ces

lettres si désirées et si chères ; j'ai baisé cette petite fleur que ta main a cueillie et qui conservait encore une très-agréable odeur. Je te plains bien d'avoir passé un hiver si rude, de ne pas voir briller le soleil, quand je pense que moi, à trois jours de distance, je jouis du printemps dans un des plus beaux pays de l'univers. Quand notre Afrique sera colonisée, comme on abandonnera *Nice* et comme on viendra à *Alger* ! J'espère que Dieu nous permettra d'y venir ensemble passer un hiver.

Je vois que la neige a fait quelques dégâts à nos constructions ; c'est peu de chose et ce sera facile à réparer. Je t'engage bien à élever les génisses qui naîtront ; elles seront chères encore longtemps ; la guerre a fait une effrayante consommation d'animaux ; ici leur prix est fabuleux : on vend une vache ordinaire 600 francs ; les Arabes en achètent à tout prix pour remonter leurs troupeaux détruits par les razzias qu'ils se sont attirées.

Charles me parle de différentes personnes à voir à *Alger* et à *Médéah*. Je ne pense pas aller dans cette dernière ville. M. *de Pibrac* a répondu à une lettre que je lui avais écrite pour lui adresser des adieux que je n'avais pu lui faire de vive voix. Il me raconte des excursions qu'il a faites aux environs de *Nice*, et me paraît assez disposé à venir passer l'hiver prochain en *Algérie*, dont je lui vantais la beauté et le climat.

8 Mars.

Ma chère Caroline, j'ai passé une bonne nuit et n'ai pas été obligé de me lever ; mes entrailles se sont calmées ; mais elles ne sont pas encore disposées à recevoir de la nourriture. Elles gardent encore rancune aux mets des trappistes ; décidément, je n'ai pas de vocation pour le cloître, et je ne pense pas augmenter jamais le nombre des frères de *Staouëli*, quel que soit l'agrément que je puisse trouver en leur compagnie.

Je fais mes préparatifs de départ pour *Oran*. J'ai en poche mon permis de passage et mon passe-port visé pour cette ville. C'est ce soir à huit heures que nous devons quitter le port d'*Alger*. Je suis allé voir le secrétaire général du gouvernement, qui m'a appris que j'aurais le préfet et le maire d'*Oran* pour compagnons de voyage; j'en suis enchanté; la connaisance se fera plus facilement. J'ai déja fait le trajet de *Marseille* à *Alger* avec le maire d'*Oran*; c'est sa fille qui m'a fait éprouver cette illusion si charmante, en jouant sur le piano du bord les airs que j'aimais tant à entendre aux Motteaux. Je ne sais pas si elle fera partie du voyage.

Je voudrais bien ne rester qu'une huitaine de jours dans la province d'*Oran*; mais je ne pourrai en repartir que le 22, attendu que le départ du paquebot n'a lieu que tous les dix jours; en revenant à *Alger*, je ferai le voyage de *Blidah* et de *Milianah*; puis je reprendrai la direction du Nord pour venir t'embrasser dans le commencement d'avril. Tu vois, chère amie, que mon voyage se prolonge plus que je ne comptais. Cependant j'ai perdu peu de temps; mais il y a tant de choses à voir dans ce pays si riche et si varié!

Je dois t'avouer que j'ai repris une mauvaise habitude de jeunesse, je me suis remis à fumer. Ici tout le monde fume, même dans les salons; c'est probablement pour protéger la culture du tabac, qui doit faire la fortune de l'*Algérie*. Je paraissais un phénomène au milieu de tous ces fumeurs; mon abstention devenait un ridicule, j'ai fait comme tout le monde.

Le préfet m'avait prié de venir lui rendre compte de mon excursion à *Staouëli*; je me suis rendu à son désir. Le préfet d'*Oran* et le sous-préfet de *Blidah* sont venus le voir, et il m'a présenté de la manière la plus honorable à ces deux fonctionnaires. Me voici donc maintenant en pays de connaissance avec eux.

Il est temps, ma Caroline, que je termine ma lettre et que je fasse mes paquets. Tu continueras à m'adresser tes lettres à *Alger;* car il serait difficile qu'elles me parvinssent à *Oran.* Cela me désole; car je vais être bien longtemps sans nouvelles de toi.

Adieu, chère amie; je t'embrasse tendrement, ainsi que notre chère *Nana.*

       Tout à toi.

                STÉPHEN.

XVII

A bord du *Tanger,* 9 Mars 1855.

A Madame Bailly.

Me voici, ma chère Caroline, à moitié route d'*Alger* à *Oran*, à bord du *Tanger*, bateau à vapeur assez beau, mais moins grand et moins bien installé que le *Nil*. La mer est moins forte que dans ma traversée de France en Algérie ; cependant mon sommeil a été quelquefois interrompu par les efforts que mes voisins faisaient par suite du mal de mer. Il est des natures que le moindre mouvement oscillatoire dérange cruellement ; Dieu m'a mieux favorisé et je supporte aisément les balancement d'un navire ; j'ai même acquis ce qu'on appelle le *pied marin*, qui consiste à conserver l'équilibre du corps, malgré l'oscillation du plancher. Il arrive de là que les marins eux-mêmes me croient un *vieux loup de mer*. Je mange à la table du commandant, qui est parfaitement servie ; cependant, malgré la bonté des mets, j'ai fait peu d'honneur au déjeuner ; mon estomac n'est pas encore parfaitement remis du régime austère des bons frères de la Trappe ; il faut que je le ménage pour ne pas entretenir une purgation outre mesure et trop prolongée.

Le voyage d'Alger à Oran est intéressant, même sur mer.

On ne perd pas la côte de vue, on la suit même d'assez près pour ne perdre aucun des plis du terrain, aucune anfractuosité des rochers. Au moyen de ses ombres vivement accusées, un beau soleil favorise la vue des formes variées du rivage. Ce dernier est loin d'être plat ; c'est un pays de montagnes de 200, 300 à 400 mètres d'élévation, laissant entrevoir une suite de délicieuses vallées ; l'on voit rarement le roc à nu. Les montagnes, même les plus élevées, sont couvertes de végétations dont la nature fait tous les frais. Cette contrée est habitée par des *Arabes* qui y conduisent leurs troupeaux. On n'y voit aucune habitation. Quelques places peu nombreuses y sont cultivées en blé et se distinguent du reste du terrain à leur couleur vert clair. J'ai vu ce matin le soleil se lever derrière un pic élevé ; il projetait sur ces belles montagnes une teinte pourprée du plus bel effet ; on les voyait peu à peu recevoir ses rayons qui dessinaient leurs moindres contours et semblaient les animer. De légers nuages se jouaient au milieu de ces montagnes, disparaissant derrière leurs cimes et reparaissant dans leurs gorges. C'était un ravissant spectacle que je n'oublierai de ma vie. Du côté opposé de la rive, à bâbord, comme on dit en terme de marine, la Méditerranée aux eaux bleues et limpides, aux vagues dorées et argentées, se confondait avec le ciel.

Sur les sept heures, j'allai m'informer de la santé de M. *Majorel,* préfet d'*Oran ;* il était un peu souffrant du mal de mer, ce qui cependant ne l'empêcha pas de causer avec moi pendant fort longtemps. Notre entretien roula entièrement sur l'agriculture. Il a d'excellents principes sur ce premier de nos arts ; il en raisonne comme un cultivateur qui aurait une longue expérience ; il nous fut donc facile de nous entendre à cet égard. Il doit me faire connaître les meilleurs agriculteurs de sa province et faciliter mes relations avec eux. Je lui ai parlé de nos constructions économiques dont la description a paru l'intéresser. Il doit me mettre en rapport avec l'architecte d'*Oran*, et il me paraît en bonnes dispositions d'en faire l'essai, comme spécimen à montrer aux cultivateurs qui auront des constructions à faire. A midi, nous étions devant *Tenès*, petite ville située à 55 lieues d'Alger, sur le bord de la mer, et d'un effet assez joli. Nous nous arrêtâmes une bonne demi-heure dans la rade pour déposer un assez grand nombre de voyageurs et en prendre quelques autres pour *Oran*. Je profitai de ce temps d'arrêt pour dessiner, le moins mal possible, le croquis de ce pays; le balancement du navire me le fit faire d'une manière imparfaite. Nous nous remîmes en route, rangeant toujours la côte à portée de canon. L'heure du dîner arriva; mon estomac s'en réjouit, car j'avais légèrement déjeuné. Je me trouvais auprès du commandant qui m'apprit qu'il partait avec son navire *pour la Crimée*. J'en profitai pour lui parler de notre ami le *général Pélissier* et le prier de se charger d'une lettre pour lui, ce qu'il accepta de très-bonne grâce; il me dit qu'il la lui remettrait lui-même et que cela lui procurerait l'avantage de rendre visite au général pour lequel il a beaucoup d'estime et d'affection; il doit repartir dans deux jours.

J'ai fait connaissance avec un très-aimable ecclésiastique, chanoine d'Alger, et qui a été grand-vicaire de ce diocèse. Il eut la bonté de me donner des explications qui me servirent à connaître une race d'hommes barbus, habillés de soutane et portant un chapeau rond comme les *Berrichons*.

A *Alger*, presque tous les hommes portent leur barbe entière. Les relations fréquentes des Européens avec les indigènes les y obligent; les musulmans et les Africains font un grand cas de cet attribut du visage masculin; il

7*

leur inspire une sorte de vénération, de crainte et de respect. Un visage sans barbe leur fait l'effet d'une figure de
femme, pour laquelle ils ont peu d'égards. Le sexe fémi-
nin ne passe à leurs yeux qu'en troisième ligne dans l'ordre
de la création animée : l'homme d'abord, ensuite le cheval, puis la femme, qu'ils pourraient à la rigueur faire pré-
céder par la chèvre, attendu que ce quadrupède porte une
barbe très-prononcée. Le *clergé algérien* se trouvait humilié d'être assimilé aux filles de notre mère *Ève*, ou pis
encore, à certains gardiens et employés du harem; il
tenait à prouver aux sectateurs de *Mahomet* que la con-
tinence n'excluait pas la virilité; mais aucun ecclésiastique n'osait prendre l'initiative de laisser croître l'ornement naturel de son menton. Cependant l'un d'eux, plus
hardi ou plus adroit que les autres, tenta cette grande
innovation ; il alla trouver l'*évêque* et lui dit : « Monsei-
» gneur, je souffre depuis longtemps de douleurs de
» dents; je n'ose mettre une mentonnière; si vous vouliez
» me permettre de laisser pousser ma barbe, ce préservatif
» du froid m'éviterait de cruelles souffrances. » Monseigneur, qui avait le même désir que tout son clergé, lui dit :
» Eh bien! que cela soit ainsi; si cela ne paraît pas scan-
» daliser vos paroissiens, ne vous rasez pas. » Ce curé
barbu eut des imitateurs et *monseigneur l'évêque* ne fut
pas le dernier. Voilà comment il se fait que le clergé d'Alger a le menton garni d'une barbe noire, blonde, grise ou
blanche, plus ou moins longue, plus ou moins épaisse,
suivant les goûts et suivant les âges. Nos ecclésiastiques se
rapprochent ainsi des habitudes des Pères de l'Église et
du Christ lui-même, qui sont toujours représentés portant
une barbe de prophète.

Toujours beau temps, beau soleil; nous avons dépassé *Oran;* nous jetons l'ancre dans le port de *Mers-el-Kébir.* Les chalands approchent du paquebot; les omnibus nous attendent; dans une heure nous entrerons dans la ville d'Oran.

ORAN, 10 Mars, 10 heures.

Me voici, ma *Caroline*, installé à *Oran, hôtel de l'Univers;* c'est le hasard qui m'y a conduit. Nous verrons si je suis aussi heureux et aussi bien servi que je l'étais à Alger.

Oran, le 10 Mars 1855, 4 heures du soir.

Ma chère Caroline, c'est du sommet de la montagne *Santa-Cruz*, à 500 mètres environ d'élévation au-dessus d'*Oran*, au pied d'une ancienne forteresse bâtie par les *Espagnols* que j'écris les lignes suivantes :

Débarqué ce matin à *Mers-el-Kébir*, port de mer situé à 8 kilomètres d'*Oran*, je montais dans une calèche qui, pour 2 fr., me conduisit avec mon bagage à cette ville, *hôtel de l'Univers*. La route que je suivis a été taillée dans le roc; elle suit toutes les sinuosités du rivage et est très-pittoresque. Un peu avant d'arriver à *Oran* on passe sous un tunnel pratiqué dans le roc vif, qui a 40 à 50 mètres environ de longueur. La ville d'*Oran*, comme celle d'*Alger*, est bâtie en amphithéâtre; mais les coteaux sur lesquels elle est située sont beaucoup moins élevés. A *Alger* les maisons sont étagées les unes au-dessus des autres à une grande hauteur; les rues sont trop étroites et elles sont encombrées de passants; on voit que le terrain manque et qu'on l'a économisé outre mesure. Ici les rues sont larges, bien percées, on y circule librement, on y a ses coudées franches, on y respire à son aise. *Alger* ressemble à une ville capitale, *Oran* à une belle ville de province; c'est l'impression qu'elle m'a faite en la traversant. Après avoir fait ma barbe, avoir changé de linge ;et avoir déjeuné, mon premier soin, suivant mon usage, fut de gravir un point élevé pour connaître l'ensemble du pays et jouir de son panorama. Je dirigeai donc mes pas vers le fort de *Santa-Cruz,* du nom de la montagne qui supporte cette forteresse. La base et le corps de la montagne sont composés de roches schisteuses, qui se délitent en feuillets comme l'ardoise ; le sommet est un calcaire dur de belle couleur, variant du jaune au rouge et au brun. Quoique dépourvue de terre végétale, elle n'est pas complétement aride; une foule de végétaux croissent entre les feuillets schisteux et les roches calcaires qui la composent. Les plantes aromatiques y sont en grand nombre et parmi elles domine la lavande ; le thym, le serpolet, le romarin l'accompagnent; on y voit aussi un grand nombre de coronilles; c'est un petit arbriseau cultivé en pots en France; puis le liseron à fleur rose; plusieurs espèces de sainfoin, des gesses de plusieurs couleurs, des bruyères rouges et roses, des palmiers noirs, une très-belle espèce d'orchis, plusieurs mauves, le souci, le bouton d'or, le réséda, la gueule de loup, le pissenlit, le genêt épineux, etc., etc., et une foule d'autres fleurs dont je ne connais pas le nom et qui sont propres au sol africain.

Du point élevé où je me trouve j'ai sous les yeux un magnifique panorama ; ma vue s'étend à 40 lieues de distance. A mes pieds, du côté de l'est, j'ai la ville d'*Oran*, dont je vois toutes les rues et dont je puis compter les maisons. Cette ville forme trois quartiers distincts, l'un situé sur le bord de la mer et traversé par une belle et large rue; un autre, de forme allongée et irrégulière, où je vois deux beaux bâtiments carrés qui me paraissent des casernes ou des hôpitaux; le troisième, placé sur une éminence au delà d'un ravin, où je vois beaucoup de maisons moresques. Les habitations m'y paraissent beaucoup plus entassées que dans les deux autres quartiers; au delà de la ville, je vois des faubourgs et des groupes de maisons, ainsi que de grands bâtiments dont je ne connais pas encore la destination; plus loin, une plaine à perte de vue, bien cultivée, sillonnée de routes formant de longs rubans jaunes sur un tapis vert; quelques villages et maisons blanches sont parsemés dans la campagne, comme des marguerites sur une pelouse de gazon. Les montagnes de l'*Atlas* forment un cadre à ce tableau au levant et au sud. Une immense nappe d'argent, qui se perd derrière des montagnes, indique le vaste lac de *la Sebka* ou grand *lac salé*, qui paraît avoir plusieurs milliers d'hectares de superficie. Vers le couchant, la vue domine la baie et la ville de *Mers-el-Kébir*, port où s'arrêtent tous les vaisseaux destinés pour *Oran*, attendu qu'ils y sont plus en sûreté que dans la rade de cette dernière ville, exposée aux vents du nord-ouest, les plus dangereux dans ces parages. Au nord et au nord-est, la Méditerranée se confond avec le ciel; l'œil croit cependant découvrir les côtes d'*Espagne*, situées à 40 lieues de distance. On les verrait assurément avec une lunette. En regardant de plus près, on voit les montagnes qui forment le cap *Ferrat* et le golfe d'*Oran*, dont les vagues tranquilles, poussant devant elles un feston d'écume, viennent expirer mollement sur le rivage.

Le froid et la faim m'obligèrent à descendre plus tôt que

je ne l'aurais désiré. A cette hauteur même, dans les pays chauds, le froid se fait sentir. Je rentrai en ville et m'arrêtai au premier restaurant que je trouvai sur mon chemin ; il avait peu d'apparence, mais la bonté de ses mets compensait bien les avantages extérieurs qui lui manquaient. Depuis mon départ des Motteaux, je n'ai pas mangé de soupe aussi bonne que dans ce modeste restaurant ; les autres plats étaient aussi bons que le potage ; il était dirigé par une ci-devant habitante de Bordeaux, pays où l'on s'entend à faire de la bonne cuisine. Le prix de l'excellent repas que je fis fut très-modéré, ce qui confirme le proverbe qu'il ne faut pas s'en rapporter à l'apparence et que bonne renommée vaut mieux que ceinture dorée. Il faisait encore grand jour après mon dîner ; j'en profitai pour me promener dans la ville et sur le bord de la mer ; j'admirai les belles formes, les admirables couleurs des belles roches taillées à pic qui bordent le rivage. Elles ne le cèdent en rien, par leurs masses imposantes et pittoresques, à ce que j'ai vu de mieux sur les côtes de France et aux environs de *Nice*. Ce beau pays d'Afrique réunit tout, l'utile et l'agréable. Quand je rentrai en ville, il faisait nuit. *Oran* est très en retard sous le rapport des lumières ; le gaz n'y a pas encore fait son apparition ; les rues sont éclairées par des réverbères très-éloignés les uns des autres et dont une main trop économe avait raccourci la mèche de manière à en faire des veilleuses. Il résulte de ce défaut de clarté qu'il faut toujours être sur ses gardes pour ne pas recevoir le choc d'un passant qu'il est difficile d'apercevoir.

11 Mars.

Sur les onze heures du soir je fus réveillé par une excellente musique jouant des contredanses, valses, polkas ;

c'était un bal qui avait lieu dans l'hôtel même où je couchais. Cette nuit dansante dura jusqu'à cinq heures du matin ; il me fut difficile de fermer l'œil pendant tout ce temps. Enfin, je me rendormis et me levai fort tard. Je fus fort étonné en m'éveillant de trouver mes paupières collées et de sentir des picotements dans les yeux ; après les avoir décollées avec de l'eau fraîche, je vis mes yeux très-injectés de sang et j'étais aveugle de l'œil gauche. Je passai chez un pharmacien, qui me prépara un collyre, qu'il me fit chèrement payer. Rentré à l'hôtel, je demandai à l'hôtesse de me prêter une petite œillère pour faire prendre des bains à mes yeux ; elle n'en avait pas et m'assura que je n'en trouverais nulle part à Oran ; ce petit meuble est inconnu, ainsi probablement que beaucoup d'autres. Il me vint à l'idée d'en fabriquer un. Je demandai une grosse noix, que je fendis et nettoyai ; j'eus ainsi deux œillères à mon service.

Après avoir écrit au général *Pélissier* la lettre que je fis remettre au capitaine du *Tanger* et après avoir pris des notes, je m'habillai et me rendis chez le préfet et le maire d'Oran. Ces deux fonctionnaires étaient absents de chez eux ; je remis mes cartes. J'avais entendu parler d'une source d'eaux thermales située près d'*Oran*. En passant sur la place *Kléber*, centre de cette ville, je lus une affiche qui en parlait. Je me dis : « Allons voir les *bains de la Reine*, nom » de cette source. » Elle est située sur la route de *Mers-el-Kébir* à *Oran*, à trois kilomètres de cette dernière ville, au bas d'une montagne de 400 mètres environ d'élévation et tout à fait au bord de la mer, presque à son niveau. La température de l'eau est de 50 degrés centigrades ; à peine peut-on y tenir la main quelques instants. Sa limpidité est extrême ; elle est sans odeur ; sa saveur est légèrement salée et agréable. Elle ne charge pas l'estomac ; on peut en boire trois ou quatre verres de suite sans en être incommodé ; elle provoque l'appétit et stimule les intestins ; elle donne du ton aux organes digestifs et est excellente pour combattre les diarrhées et les autres affections de bas-ventre. Elle a encore d'autres propriétés : prise en bains ou en douches, elle combat avec avantage les paralysies, les rhumatismes, les affections résultant des blessures ou des suites de maladie. J'en ai essayé à l'intérieur et à l'extérieur et je me suis si bien trouvé d'un seul bain que je compte y retourner toutes les fois que mes courses argricoles ne m'en empêcheront pas.

Dans le trajet d'Alger à Oran il est arrivé à ma malle un accident qui m'est fort désagréable : un des côtés du couvercle s'est déchiré et a fait un trou qui a donné passage à plusieurs objets qui m'étaient fort nécessaires et dont le remplacement va m'obliger à de nouvelles dépenses. Ainsi, le petit portefeuille ou la petite ménagère que tu m'avais donnée a suivi la voie qui lui était ouverte ; des brosses, des gants, des crayons, des objets de toilette l'ont imité et probablement je découvrirai d'autres déserteurs au fur et à mesure que le besoin s'en fera sentir. Je vais donc être obligé de faire raccommoder ma malle, si je puis trouver un artisan en état d'opérer cette réparation. J'ai aussi perdu ma chaîne de montre, mais c'est heureusement la vieille.

La Grotte aux Coquilles.

Plusieurs grottes se voient dans le roc qui borde le chemin d'Oran à *Mers-el-Kébir*. Une, entre autres, que je voyais escalader par des passants, fixa mon attention ; je m'y introduisis. Quoique placé à une cinquantaine de mètres au-dessus du niveau de la mer, on y trouve une innombrable quantité de coquilles agglomérées et cimentées par les suintements calcaires de la montagne. Ces coquilles, au milieu desquelles la grotte est percée, forment des bancs si durs qu'on ne peut en extraire quelques fragments qu'à l'aide d'un marteau. J'aurais été réduit à la contemplation de ce phénomène, si un des visiteurs ne s'était trouvé muni d'un marteau de forge et d'un ciseau d'acier; au moyen de ces instruments, il parvint à détacher quelques blocs et eut la complaisance de m'en laisser prendre. Je rapporterai donc en France des échantillons qui viendront confirmer le récit de la description de cette caverne, que j'ai surnommée la *grotte aux coquilles*.

12 Mars 1855.

J'ai parfaitement dormi cette nuit et je me suis si bien trouvé de l'usage des eaux des *bains de la Reine*, que j'y suis retourné ce matin. J'ai d'abord avalé trois verres pleins, puis je me suis mis à dessiner l'établissement, très-géné par un fort vent de nord-ouest, puis je recommençai à entonner dans mon estomac trois nouveaux verres du spécifique et repris le chemin d'Oran. Une cavalcade d'indigènes, hommes, femmes et enfants, sont arrivés pendant que j'y étais. J'ai pu voir le visage des femmes qui n'étaient pas voilées; elles n'étaient rien moins que belles; elles avaient la peau tannée et ridée; quoique jeunes encore, leurs traits n'avaient rien de joli.

Je m'aperçois qu'il est temps de m'arrêter, chère amie; le papier me manque et il m'en reste juste assez pour te dire combien je t'aime et quel plaisir j'aurai à te revoir et t'embrasser. Deux bons baisers à *Nana*. Tout à toi.

STÉPHEN.

Tu trouveras ci-inclus quelques fleurs que j'ai cueillies à ton intention sur la montagne de *Santa-Cruz*.

XVIII

A Madame Bailly.

Chère amie, hier, après avoir mis à la poste la lettre que tu recevras, ainsi qu'une autre que j'ai écrite à nos enfants, je suis allée à la préfecture. Le préfet m'a tracé un itinéraire et doit m'envoyer aujourd'hui une lettre de recommandation; il voulait me les apporter lui-même à mon hôtel, mais je l'en ai remercié et l'en ai dissuadé, n'étant pas logé convenablement pour le recevoir.

Je suis allé ensuite faire visite au gouverneur; j'en ai reçu un très-bienveillant accueil; c'est le général *Montauban* qui remplace notre ami (le général *Pélissier*). Il est logé dans un joli pavillon qu'affectionnait l'ancien bey d'*Oran* et qui est construit d'une architecture moresque. Le général m'a fait voir le salon où son prédécesseur donnait de charmantes fêtes; on est en train de le restaurer. Comme je dois traverser une partie de l'*Algérie* que les Européens fréquentent peu, il me donnera une lettre de recommandation pour le chef du bureau arabe de *Saint-Denis-du-Sig*, afin d'avoir un guide, une escorte et un cheval. J'ai beaucoup à me louer de sa réception.

J'ai encore peu de chose à te dire sur *Oran*. J'ai cependant remarqué que la majeure partie des habitants est espagnole; cela se conçoit aisément, vu la proximité des côtes d'Espagne, ce royaume n'étant qu'à quarante lieues de distance. Une autre cause encore engage les Espagnols à venir s'établir dans ce beau pays. *Oran* a été soumis pendant deux siècles à la domination de la couronne espagnole. Ils regardent donc cette province comme leur ancienne patrie. C'est à la suite d'un tremblement de terre que l'Espagne a abandonné sa conquête. Toutes les anciennes fortifications ont été construites par les Espagnols, et le nom de *Santa-Cruz* indique bien la vieille origine du fort dont je t'ai parlé. Le costume des habitants de cette nation est assez pittoresque : ils portent un pantalon de drap bleu, une veste pareille, bariolée de dessins bizarres, aux couleurs les plus voyantes; leur tête est couverte d'un chapeau de feutre rond et noir, à forme basse, à bords très-relevés, et orné de pompons de laine; quelques-uns se contentent d'un grand bonnet de laine rouge, dans le genre des casques à mèche de la Normandie, et entouré d'une espèce de ceinture en drap bleu. Le costume des femmes se distingue peu de celui des Françaises, dont je crois qu'elles ont adopté les modes. On voit aussi beaucoup de juifs portant le même costume qu'à *Alger*. Il y a aussi des Arabes, mais en bien moins grand nombre qu'à Alger. Ces derniers font les travaux les plus pénibles. Les petits *Arabes* sont commissionnaires, décrotteurs, portefaix; ils font leur service avec intelligence, mais ils sont peu laborieux. Quand cette race aura pris les habitudes d'activité des Européens, elle rendra de grands services à l'Algérie.

Je ne t'ai pas encore parlé d'un animal qui rend d'immenses services à *Alger* et à *Oran* : c'est l'âne. Dans une ville où une grande partie est en forme d'escalier, les transports de toute nature ne peuvent se faire par des voitures; ce sont les *bourricots* (on les appelle ainsi) qui en sont chargés. Un Arabe ou un nègre en conduit ordinairement trois, et les mène devant lui en leur parlant un langage que ces animaux comprennent parfaitement. Le conducteur n'a pas d'autre moyen pour les faire aller à droite où à gauche, car les bourricots ne portent ni bride ni licol. Ils ont la tête entièrement libre; le dos seul est chargé d'un bât, sur lequel est placée une espèce de calotte faite en sparterie ou en tresses de feuilles de palmier, et c'est dans ce panier de forme bizarre que l'on met les briques, les pierres, le sable, le charbon, le bois, enfin tous les objets de consommation et tous les matériaux de construction qui servent aux habitations d'*Alger* et d'*Oran*. On a de la peine à comprendre comment les ânes, qui sont ici de très-petite race, peuvent transporter les lourds fardeaux qu'on leur confie, et gravir, soit en montant, soit en descendant, des escaliers ayant plus de cent mètres de hauteur. Ces pauvres animaux me faisaient peine à voir; ils sont conduits très-durement; on abuse de leur force, et ils sont souvent couverts de plaies. Un célèbre maréchal de France (le maréchal *Bugeaud*) disait que les ânes rendaient en *Algérie* plus de services que les *académiciens*. C'était vrai pour la force musculaire; mais c'était une boutade qui ne lui faisait pas honneur, car c'était mettre la force brutale au-dessus de l'intelligence, le bras plus haut que la tête.

Je suis allé voir M. *de Saint-Maur*, qu'on m'avait dit habiter très-près d'*Oran,* mais il en est encore à une demi-heure de distance; il n'était pas chez lui, il était à sa propriété d'*Arbal,* à six ou sept lieues d'*Oran*. C'est par là que je vais commencer mon excursion agricole dans la province. Je compte partir demain matin par la voiture de

Saint-Denis-du-Sig, qui se rend dans cette direction ; ma santé est toujours fort bonne ; ma diarrhée a cédé complétement à l'usage des *Bains-de-la-Reine*. Mes maux d'yeux sont en bonne voie de guérison, malgré la poussière qu'y projette une tempête que nous avons depuis vingt-quatre heures. Je suis heureux de n'être pas sur mer ; par un temps pareil, assurément, je payerais mon tribut au perfide élément.

Tout à toi.

STÉPHEN.

XIX

Redoute Perregaux, le 18 Mars 1855,

A Madame Bailly.

Me voici, chère amie, dans un caravansérail installé
dans un ancien fort, appelé la redoute *Perregaux*, situé
sur la route de traverse de *Saint-Denis-du-Sig* à *Mostaga-*
nem, à sept lieues de la première, et à douze de la
seconde, qui sont, avec la ville de *Mascara*, éloignée seulement de cinq lieues, les endroits habités les plus rappro-
chés de ce caravansérail. Cette auberge, servant d'abri
aux rares voyageurs qui se rendent de *Mascara* à *Mosta-*
ganem, n'est pas confortable; un lit de sangle et une
table sont des meubles de luxe, et ce n'est que sur la recommandation du gouverneur, le général *Montauban*, que
j'ai pu obtenir ces rares et précieuses commodités. La cuisine est meilleure que je n'aurais pu l'espérer, et j'y ai
trouvé bons mets, vin passable, café au lait, bon pain, tout
ce qui pouvait m'être utile ou agréable. On m'a même servi
une cuisse d'oie parfaitement accommodée. J'ai trouvé dans
la famille du gouverneur de l'établissement, qui remplit
les fonctions de maire et de représentant du bureau arabe,
un accueil des plus bienveillants et des soins que mon état
de santé m'a rendus bien nécessaires. Depuis plusieurs

jours j'étais atteint d'une ophthalmie, qui avait considérablement augmenté dans le trajet de *Saint-Denis-du-Sig* à la redoute *Perregaux*, où je suis arrivé hier soir à quatre heures. La douleur était devenue intolérable et me rendait fou. Cette affection nécessita des cataplasmes et de la pommade, que mon hôtesse, excellente Franc-Comtoise, ne m'épargna pas, et grâce auxquels j'ai pu sommeiller un peu cette nuit. Ce matin je n'étais pas sans inquiétude sur ma vue; je craignais d'être aveugle ou borgne, et c'est avec un plaisir inexprimable qu'après avoir décollé mes paupières, je vis des deux yeux la lumière du jour. J'avais encore douze lieues à faire à cheval pour me rendre à *Mostaganem*; je ne me sentis pas la force de me mettre en route, et je restai au lit jusqu'à ce moment, trois heures du soir. Le repos me fit du bien; je me trouve beaucoup mieux et j'en profite, ma Caroline, pour t'écrire un mot.

La redoute *Perregaux* est située au pied de l'*Atlas*, à une portée de fusil de la rivière de l'*Habrah*, qui arrose et sillonne une magnifique plaine à laquelle la rivière a donné son nom. Cette terre est d'excellente qualité et est susceptible d'être irriguée en grande partie, au moyen d'un barrage qui élèverait ses eaux, et les verserait dans des canaux d'irrigation; c'est un projet qui ne tardera pas à recevoir son exécution.

Je reprends mon récit à mon départ d'*Oran*. Je partis de cette ville le 14 au matin, par la voiture de M. de *Saint-Maur*, et j'arrivai à *Arbal*, sa propriété, située à sept lieues, au pied d'un contrefort de l'*Atlas* et au commencement d'une vaste plaine; j'y fus reçu par le propriétaire avec beaucoup d'affabilité. M. de *Saint-Maur* est un homme d'une quarantaine d'années; d'une figure charmante, rempli de douceur et d'amabilité. Son caractère répond à ces avantages extérieurs; il a le ton de la plus exquise politesse et possède beaucoup d'instruction. C'est un vrai gentilhomme français, dans la meilleure et la plus favorable acception du mot. Il a une jeune femme charmante, mère de quatre enfants, dont deux sont à *Arbal*, et qui sont aussi aimables que bien élevés. J'ai admiré chez lui un ordre et une simplicité de mœurs et d'ameublement qui font son éloge et qu'on trouve bien rarement chez un homme habitué à la vie luxueuse de nos cités de France. Sa table est bonne et simple; il mange les mêmes mets que les nombreux ouvriers qu'il nourrit; il n'y a pas à *Arbal* de cuisine de maîtres.

J'avais peu de temps à donner à l'agrément; aussi ai-je prié M. de *Saint-Maur* d'avoir la bonté de me faire voir sa propriété. Pendant qu'on sellait les chevaux, je visitai la distillerie d'*asphodèles* qu'il a réunie à son exploitation. J'ai rencontré le fils de l'un de nos anciens voisins, *Arthur Desmazis*. C'est avec un plaisir infini que j'ai embrassé ce bon jeune homme dont M. de *Saint-Maur* est très-satisfait, et qui lui-même se trouve très heureux auprès de lui. Je suis monté à cheval et nous avons parcouru la propriété, qui contient quatorze cents hectares. Cela nous prit toute la soirée. J'y trouvai des cultures beaucoup meilleures que celles que j'avais vues jusqu'à ce jour en Algérie. J'y vis de nombreux troupeaux de vaches, de bœufs, moutons et porcs. Tous ces animaux sont bien soignés et améliorés par des croisements très-judicieux. J'y vis aussi de nombreuses plantations de mûriers et d'arbres fruitiers, tels que amandiers, figuiers, oliviers, vignes; tout cela en bon état et bien cultivé. On reconnaît là l'œil d'un maître intelligent et soigneux. J'ai constaté dans cette propriété la rapidité avec laquelle peuvent croître les végétaux en Afrique. Un peuplier grisaille, planté depuis vingt-huit ans, mesurait trois mètres douze centimètres de tour à un mètre au-dessus du sol; et une vigne plantée depuis cinq ans avait trente-huit centimètres de circonférence; les sarments de l'année avaient la grosseur d'un pouce et vingt pieds de longueur; la vigne est généralement mieux cultivée qu'en France.

Le personnel des domestiques et des ouvriers étant de trois cents individus environ, et la propriété d'*Arbal* se trouvant à cinq lieues de tout centre de population, M. de *Saint-Maur* a établi chez lui un moulin à blé, une boulangerie, une boucherie, un magasin d'épiceries et de merceries, et autres objets de première nécessité pour les nombreux ménages et ouvriers qui sont logés chez lui; il a aussi une brasserie, où il fait d'assez bonne bière. Cela l'oblige à une comptabilité considérable, qui le force à avoir un garde-magasin. Pour te donner une idée des fournitures qu'il fait chaque année, le pain seul a occasionné une dépense de 24,000 francs l'an passé. Il lui a fallu aussi avoir un atelier de charronnage, de menuiserie, de forge, de charpente, une briqueterie, un four à chaux. Il ne s'est pas contenté de pourvoir aux besoins matériels des gens sous sa dépendance; il a établi une maison d'école pour les enfants et les adultes, une chapelle, et il a un aumônier pour la desservir; enfin, rien n'a été omis de ce qui pouvait assurer le bien-être physique et moral de ses nombreux employés. Cette ferme est peut-être la mieux organisée de toutes celles qui existent, même en France. Le propriétaire a poussé le désir de rendre heureux tout son monde jusqu'à établir un vaste éventail opérant une ventilation forcée pour rafraîchir les ouvriers en temps de sirocco. Je t'ai dit que M. *de Saint-Maur* était père de famille, qu'il avait quatre enfants, dont j'ai vu les deux aînés, qui sont aussi jolis que leur père, et qui paraissent aussi heureusement doués du côté du caractère.

J'ai été assez heureux pour payer la bonne hospitalité qui
m'a été donnée en faisant connaître différents instruments
et procédés de culture qui, abrégeant la main-d'œuvre,
doivent être fort utiles en ce pays, où le travail se paye si
cher. Ce n'est pas sans émotion que j'ai pris congé de cette
charmante famille. M. *de Saint-Maur* a eu la bonté de me
faire conduire au *Tlélat*, village situé à cinq lieues d'*Ar-*
bal, et c'est *Arthur Desmazis*, son neveu, qui m'y a mené.

Je me suis rendu de suite chez M. *Sone*, directeur des
propriétés de M. *Adam*, qui a obtenu une très-vaste concession. J'y ai vu une ferme que l'on est en train de bâtir
et de très-nombreuses plantations de mûriers, de vignes et
de figuiers, toutes parfaitement entretenues; un jardin, qui
a été planté l'année dernière sur un sol rocailleux, avait
admirablement repris. M. *Sone* m'a dit qu'il avait planté
dans la montagne vingt-deux mille pieds d'arbres de différentes espèces, et que la réussite avait été si bonne que dix-
sept arbres seulement avaient manqué.

J'ai vu faire exécuter des labours à deux charrues, l'une
suivant l'autre dans la même voie; on labourait ainsi à
quarante centimètres de profondeur; c'était pour faire une
plantation de cotonniers; il y avait six bœufs à chaque
charrue. Cette culture a beaucoup d'avenir en Algérie, et
surtout dans la province d'Oran, où elle réussit mieux que
dans celle d'Alger. Je soupai chez M. *Sone* et allai coucher dans un hôtel, ou pour mieux dire dans une auberge
de *Tlélat*. Le lendemain matin M. *Sone* me conduisit voir
une autre ferme, où il cultive vingt hectares de cotonniers,
entremêlés de plantations de mûriers. Cette culture est irriguée par deux *norias* établies auprès, ce qui entretient
la végétation dans le temps des sécheresses. M. *Sone* ne
paye pas de mine; c'est un homme qui s'exprime d'abord
difficilement; et cette apparence est trompeuse; il est rem-

pli d'intelligence, de bon sens et d'activité; il entend fort bien la culture algérienne, il est dans une bonne voie; il n'a qu'à continuer et il rendra de grands services à l'Algérie en prêchant d'exemple.

A onze heures et demie je montai dans la voiture publique de *Saint-Denis-du-Sig*, où j'arrivai à deux heures. Chemin faisant, je vis des tortues se promener au soleil et de beaux aigles blancs planer au-dessus, et en traversant la forêt d'*Ismaïl*, je vis des gazelles aux pieds légers se faufiler dans les buissons. On donne ici le nom de forêts à un terrain garni de buissons ayant quelques mètres de hauteur.

M. *de Thury*, chez lequel je descendis, était absent; une affaire indispensable l'avait obligé d'aller dans la plaine de l'*Habrah*, à sept ou huit lieues du *Sig;* mais comme il était prévenu de mon arrivée, il avait eu soin de me faire préparer une chambre et de mettre un cheval à ma disposition jusqu'à son retour, qui devait avoir lieu le soir même. Je profitai du cheval pour aller à deux lieues de là voir la propriété de M. *Capmas*, que m'avait indiquée le préfet d'Oran. En m'y rendant, je vis de belles plantations de cotonniers. Le *Sig* est une petite rivière qui sort de l'*Atlas* et arrose une vaste plaine d'une terre légère et excellente où le cotonnier vient très-bien; on y fait aussi des plantations de tabac. Un barrage établi sur la rivière la fait refluer à un point élevé, où elle se jette à droite et à gauche dans des canaux qui entourent la plaine et où ses eaux sont dirigées de manière à les utiliser entièrement au profit de la culture. J'ai vu pratiquer plusieurs irrigations dans des champs de blé, et cette opération exige beaucoup de soin et d'intelligence. Les Arabes l'entendent assez bien.

M. *Capmas* a quatre cents hectares de terre de très-bonne qualité, deux cents têtes de gros bétail et cent·vingt moutons. C'est un ancien négociant retiré des affaires, qui n'entendait rien à la culture il y a six ans, et qui est maintenant un excellent agronome. Il fait parfaitement exécuter les labours, fume bien les terres, fait de nombreuses plantations de peupliers d'Italie, qui viennent très-bien, et dont un, planté depuis quatre ans, avait quarante-cinq centimètres de tour à un mètre au-dessus du sol; il a planté quinze mille peupliers, trois mille mûriers et trois mille arbres fruitiers.

Je retournai à *Saint-Denis* et M. *de Thury* ne tarda pas à s'y rendre. C'est un homme qui ne paraît pas avoir quarante ans, brun, bien fait, l'air énergique. Il me fit un aimable accueil et nous soupâmes en compagnie d'un Anglais qu'il connaissait pour l'avoir vu à *Oran*. Après le départ de cet insulaire, nous causâmes de ses cultures et de ses projets; il me dit qu'il était occupé à construire une usine pour l'égrenage du coton que le gouvernement achète aux colons. Le lendemain matin nous allâmes voir cette fabrique mue par une roue hydraulique; elle me paraît fort bien montée et commence à marcher; il compte y joindre une fabrique d'huile, pour l'extraction de celle que contient la graine de coton. Je le laissai à ses affaires et j'allai visiter le barrage du *Sig*, dont j'avais lu la relation dans les journaux; il est pratiqué dans un endroit très-pittoresque, au pied de hautes montagnes, au milieu desquelles circule la rivière. Un rocher formait autrefois un barrage naturel et les eaux tombaient en cascade; à force de couler, elles ont creusé le roc et s'y sont frayé un passage. On l'a interrompu par une digue en maçonnerie et l'on a creusé des canaux qui, suivant la base de la montagne, élèvent le niveau des eaux au-dessus de celui de la plaine. C'est ainsi que les colons ont pu utiliser cette vaste plaine et établir des cultures de céréales et de coton, tabac et garance, qui doivent faire la richesse de la colonie et conséquemment des colons. Je retournai à la ville du *Sig ;* cette colonie mérite ce nom, attendu qu'elle est peuplée de trois mille âmes. J'y trouvai M. *de Thury*, qui m'attendait pour déjeuner. Après ce repas, je trouvai deux chevaux et un guide arabe qui devait me conduire au ceravansérail de la redoute *Perregaux;* il était une heure quand nous partîmes. Je passai devant la *ferme de l'Union agricole.* Cet établissement a été fondé en 1846 par une association, à l'instar des phalanstères de *Charles Fourier;* quelques capitalistes ont fourni des fonds pour cette création. En 1850 l'association avait déjà dépensé plus de 500,000 francs, et, moyennant cette somme importante, elle avait créé de beaux bâtiments et un moulin à farine ; elle paraissait prospérer. C'était une véritable ruche, une république en miniature, dont les frères travailleurs représentaient les abeilles ouvrières; les frères culotteurs de pipes en étaient les bourdons, et l'abeille mère était représentée par le directeur. Cette heureuse harmonie ne fut pas de longue durée; les travailleurs s'insurgèrent, les bourdons continuèrent à se livrer aux douceurs du *far niente* et le directeur ne put rétablir l'ordre. La discorde régnait dans l'*Union agricole;* les travaux s'en ressentirent, les terres restèrent en friche et le gouvernement se vit obligé de retirer aux phalanstériens une partie de leurs concessions, puisqu'ils ne savaient pas en tirer parti. Les choses allèrent encore quelque temps; mais les capitalistes, ne retirant aucun intérêt de leurs fonds, se lassèrent d'en fournir; on envoya un contrôleur pour examiner la gestion ; le directeur lui asséna force coups de poing sur la figure et lui mit le nez tout en sang. Les capitalistes, on le comprend, ne se trouvèrent pas satisfaits de cette méthode de rendre des comptes et ils dépêchèrent un nouveau contrôleur avec accompagnement d'un casque de pompier. Cette fois, on respecta son visage, mais on lâcha après lui une douzaine de chiens qui lui dévorèrent les mollets ; son casque ne lui étant d'aucun secours contre la race canine, il prit le sage parti de se sauver au plus tôt, abandonnant à leur malheureux sort les frères ingrats qui ne savaient pas apprécier les bienfaits de sa mission. L'association, livrée à elle-même, vendit les chevaux, les charrues, mangea les bœufs et les moutons, et loua aux Arabes les terres dont le gouvernement lui avait confié la culture et la possession. Ils ne cultivent maintenant que la vigne, appréciant beaucoup le jus de la treille et ne voulant pas être réduits à boire l'eau qui fait tourner leur moulin. Voilà le résultat des utopies des prétendus réformateurs de la société humaine.

Peu après avoir quitté la ferme de l'Union agricole je me trouvai en plein désert ; la verdure du gazon disparaissait sous une couche de fleurs ; c'était un tapis émaillé de toutes les nuances, de jaune, de rouge, de violet, de bleu. On ne saurait se faire une idée de ce luxe floréal dans cette belle saison, qui est le printemps de l'Algérie, et cependant on m'a dit que ce n'était rien en comparaison de ce que la campagne sera dans un mois. Je voyageais côte à côte avec mon guide arabe ; la conversation était un peu languissante et pour cause. Je ne connaissais que deux mots de sa langue, et lui un seul de français. Trois mots seulement formaient donc notre répertoire et nous les mettions à toute sauce. Cependant, au bout d'une heure j'étais parvenu à en apprendre une demi-douzaine et à lui en enseigner autant ; si notre voyage eût duré quinze jours, nous aurions fini par nous comprendre et nous aurions appris deux langues, lui le français et moi l'arabe. J'avais un très-bon garçon pour compagnon de route ; il s'aperçut que j'avais dans ma poche un carnet qui pouvait se perdre par suite des secousses du cheval et il m'en fit faire la remarque et le plaça dans une grande poche attachée à la selle de sa monture. Le coursier que j'avais, un vrai cheval arabe (je te prie de le croire, attendu qu'il n'y en a pas d'autres dans le pays), était très-doux et avait une allure charmante; il me fit faire en trois heures les sept lieues du chemin qui séparent *Saint-Denis-du-Sig* du caravansérail de la redoute *Perregaux*, et cela au petit trot et sans fatigue.

A bord de l'*Euphrate*, le 23 Mars 1855.

Aussitôt que je me sentis rétabli de mon indisposition, je quittai le caravansérail où j'étais logé, non sans en emporter sur moi des êtres animés qui me faisaient sentir leurs aiguillons. Aux démangeaisons que je ressens à la tête, je tremble même d'en avoir emporté de plus d'une espèce. Cela n'aurait rien d'étonnant; ni l'une ni l'autre n'est rare en Algérie. Je partis lundi matin à sept heures à cheval et conduit par un Arabe également à cheval. Nous avions douze lieues à faire pour nous rendre à *Mostaganem*, lieu de ma destination. Ce jour-là nous avons traversé une magnifique plaine appelée la *plaine de l'Habrah*. Nous avons été souvent obligés d'aller au pas, à cause des nombreuses irrigations qui la mettaient à l'état de marais; nous étions forcés à chaque instant de traverser des canaux où nos montures avaient de l'eau jusqu'au ventre; nous ne trouvions pas de chemin, ce mode de communication étant encore inconnu dans cette partie de la province d'*Oran*. Nous avons traversé de nombreux douairs; on appelle ainsi une réunion de vingt à trente tentes, en poils de chameau, qui sont larges et très-basses et où l'on n'entre qu'en rampant. C'est là que grouillent les femmes et les enfants des Arabes, au milieu des cochons et des chiens. Le gouvernement a eu la bonne pensée de procurer à ces indigènes des habitations plus saines et plus dignes de la créature faite à l'image de Dieu : il a fait bâtir, aux dépens des Arabes, de nombreux villages en maçonnerie. C'était un moyen d'améliorer leur sort et de les fixer au sol ; cette tentative de civilisation a été inutile ; la force de l'habitude l'a emporté et les Arabes campent près de leur village qui ne sert d'abri qu'aux bestiaux. Le caïd seul habite une maison, parce que le gouvernement l'exige et qu'il ne peut se soustraire à son autorité.

Mon Arabe ne savait pas un mot de français ; je ne me sentais pas le courage de faire un nouvel élève ; aussi notre conversation s'en ressentit-elle ; nous ne nous comprenions ni l'un ni l'autre ; heureusement mon homme avait reçu ses instructions avant mon départ. Il obéissait à tout ce que je pouvais lui faire comprendre par gestes ; c'était tout ce qu'il me fallait. Nous fîmes ainsi sept lieues et arrivâmes à un village nommé *Aïn-Nouissy*, fondé en 1849 par des colons parisiens. L'aisance respire dans ce pays ; on voit que chacun y fait ses affaires ; je m'arrêtai à une auberge de bonne apparence, tenue par madame *Moreau* et qui m'avait été recommandée par le garde du caravansérail. J'y trouvai une bonne grosse mère de belle mine et de figure avenante, et une maison tenue avec un luxe et une propreté qui me rappelaient ce que j'avais vu dans le département du Nord. De nombreuses provisions attestaient l'aisance de ce ménage, et des bouteilles de liqueurs de toute espèce, mises en étagères, pouvaient satisfaire les goûts des voyageurs. Je voulais faire manger mon Arabe et ses chevaux, et je le lui exprimai par signes ; mais c'est en vain que je prodiguai les gestes les plus significatifs ; il restait accroupi au milieu de la cour, tenant son cheval par la bride. J'eus alors recours à madame *Moreau*, espérant qu'elle serait plus heureuse que moi et saurait se faire comprendre de l'Africain. Mon idée réussit; elle lui dit quelques mots arabes et me fit connaître qu'il ne voulait pas manger, parce qu'il ne voulait rien dépenser. Quand il sut que je payais sa dépense, il fit donner l'orge à son cheval et vint s'installer dans la salle à manger. Il ne voulut goûter à aucun des mets, craignant que l'assaisonnement ne lui fît faire quelque infraction à la loi de *Mahomet;* il se contenta de manger un kilogramme de pain, de boire une tasse de café et de vider dans sa poche tout un sucrier, et cela sans un geste de remerciment; j'avais bonnement cru qu'il ne prendrait que quelques morceaux de sucre quand je lui avais montré du doigt le sucrier.

Une heure après nous remontâmes à cheval et arrivâmes sans aucun accident à la ville de *Mostaganem*. L'avarice des *Arabes* est telle, que si je n'avais payé au mien son déjeuner et celui de ses chevaux, il aurait fait l'aller et le retour, vingt-quatre à vingt-cinq lieues, sans prendre de nourriture et sans en faire prendre à ses animaux. A *Mostaganem* mon guide se sépara de moi sans me remercier non plus de la pièce de cent sous que je lui donnai et que je ne lui devais pas, puisqu'il n'avait fait, en m'accompagnant et me fournissant un cheval, qu'obéir à une réquisition légale de l'autorité.

Madame *Moreau* me raconta qu'elle et son mari étaient arrivés à la colonie d'*Aïn-Nouissy* par suite de la révolution de février, qui, ayant anéanti l'industrie, les avait forcés à chercher une nouvelle patrie. Ils étaient partis dans ces bateaux qui amenèrent en Algérie un si grand nombre d'ouvriers, et y étaient arrivés avec 50 francs pour tout capital. Ils se sont installés dans de petites baraques en bois qui contenaient plusieurs familles; madame

Moreau faisait la cuisine d'une partie des colons, à raison de quinze centimes par jour ; elle gagna ainsi quelques centaines de francs, qui lui servirent à commencer son établissement : *A l'auberge du souvenir de Suresnes;* c'est ainsi qu'elle nomme son hôtel, en mémoire du pays qu'elle habitait près de Paris. Son mari la seconda et s'occupa de culture. Maintenant l'hôtel de madame Moreau a une réputation justement méritée, et on vient de cinq lieues de *Mostaganem* en partie de plaisir pour y faire de bons repas et y boire de bon vin, qui ne rappelle en rien l'enseigne de la maison. Non-seulement cet hôtel est remarquable par ses consommations, mais il l'est encore par le bon goût qui a présidé à ses constructions, à ses jardins et à ses bosquets.

Madame *Moreau* a dit que tous les colons qui ont voulu franchement se mettre au travail et qui ont eu de l'ordre et de l'économie ont aussi prospéré. J'ai été à même, en examinant les habitations et les cultures, de m'apercevoir qu'avec de la bonne volonté on peut en Algérie, même sans expérience, obtenir un bon parti des terres. Cela fait l'éloge et des colons et de la fertilité du sol de notre jeune colonie.

Arrivé à *Mostaganem* à une heure après midi, j'allai me présenter à la sous-préfecture. M. le sous-préfet étant absent, ce fut le secrétaire qui me reçut ; il m'indiqua plusieurs propriétés à visiter, entre autres celle de M. *Graillat*, située à six kilomètres de *Mostaganem*. Je remis au lendemain, 20, la visite de cette propriété, vu l'heure avancée. Je me mis donc à parcourir *Mostaganem*.

Cette ville contient environ huit mille âmes de population, mêlée d'indigènes et d'Européens, parmi lesquels les Espagnols sont en majorité. Elle est située à quatre-vingts kilomètres environ à l'est d'*Oran* ; elle est bâtie à un kilomètre de la mer et sur un rocher. Elle possède un mauvais port, ouvert aux vents d'ouest et de nord-ouest, qui n'offre aucune sûreté de ce côté; on y construit une digue qui n'ajoutera que peu à sa sécurité, mais facilitera les chargements qui se font au moyen de chalands.

Un profond ravin divise la ville en deux parties. Celle placée sur la rive gauche du ravin est la plus considérable. Elle est entourée d'un mur et de bastions crénelés, qui traversent même le ravin et vont se relier à un fort situé sur la rive droite. La partie sud de la ville est moderne, tout européenne et bien bâtie. La place d'armes est digne, par sa beauté et sa grandeur, d'une ville dix fois plus considérable; elle est rectangulaire, a cent soixante pas de long sur cent vingt de large. Les maisons qui l'entourent de trois côtés sont à arcades et à galeries, comme dans la rue de Rivoli à Paris; elles sont ornées de balcons en fer. La cathédrale se trouve au milieu de cette belle place. Ce monument, d'une très-simple architecture, est composé de neuf nefs séparées par des arcades plein cintre; elle est presque entièrement dépourvue d'ornements; sa longueur extérieure est de soixante-six pas sur trente de large. Elle suffit amplement au nombre de chrétiens qui résident dans la ville. Le reste de sa place est garni de belles plantations.

La partie de la ville située sur la rive droite du ravin est entièrement mauresque. Un ruisseau, assez abondant pour faire mouvoir plusieurs moulins à blé, coule dans le ravin et sert aussi à des tanneries et à des corroieries qui y sont établies.

La ville de *Mostaganem* est aussi mal éclairée que celle d'*Oran*; il y règne même économie sous le rapport du combustible adipeux. Sur les murs crénelés d'une forteresse placée au milieu de la ville j'ai vu un assez grand nombre de cigognes aux longues pattes et au plumage blanc et noir; elles y sont respectées des habitants; on regarderait comme un crime toute tentative de leur nuire ; aussi habitent-elles ici sans aucune crainte et y élèvent-elles leurs couvées.

Le lendemain matin je partis à pied pour aller voir la propriété de M. *Graillat*, située dans la *vallée des jardins;* les nombreuses cultures jardinières faites dans cette vallée lui ont probablement donné son nom. J'ai vu en partant des cultures de fraisiers parfaitement tenues. La route de *Mostaganem* à *Mascara* était encombrée de caravanes de chameaux, d'ânes, de mulets et de bœufs, tous chargés de blé que l'on conduisait au port pour l'embarquer et le faire parvenir à l'armée de *Crimée.* En quinze jours on en a conduit 29,000 quintaux métriques. La quantité de grains que pourra fournir l'*Algérie* dans quelques années sera énorme; on défriche, on ensemence des plaines fertiles, qui doivent produire considérablement.

Ces céréales reviendront à très-bas prix au producteur, attendu qu'elles s'obtiennent sur un seul labour et qu'on les sème tous les ans à la même place sans y mettre de fumier. L'*Algérie* va donc devenir le grenier de la France, comme elle était celui de *Rome* du temps de l'empire romain.

Rien de plus pittoresque que ces chameaux aux longues jambes, au corps maigre et fluet et au cou recourbé, soutenant une petite tête; leur allure est très-vive; leur pas ordinaire équivaut au trot du cheval, et quand ils trottent, il faut se mettre au galop pour les suivre. Ce quadrupède, au pied fourchu et très-large, est une excellente bête de somme; on le charge de trois sacs de blé, et on lui fait faire vingt à vingt-cinq lieues par jour. Ceux qui revenaient de *Mostaganem,* après avoir laissé leur blé, n'é-

taient pas exempts de fardeaux; ils transportaient des
pièces de bois de construction en s'en retournant; on en
attachait une de chaque côté de leur corps et la tête passait
entre ces bois. Cela faisait un effet fort singulier.

J'arrivai chez M. *Graillat*, qui demeure à deux lieues de
la ville; il avait été prévenu de ma venue et m'attendait.
Il me fit goûter plusieurs espèces de vins récoltés dans sa
propriété; ce vin était nouveau et n'avait pas encore acquis
les bonnes qualités qui le distingueront plus tard. Il y en
avait un, fait avec le raisin qui produit le grenache et fait
à l'instar de celui-ci. Je l'ai trouvé trop léger et manquant
de la chaleur qui distingue celui de France; un autre, un
vin blanc léger, et le troisième, un gros vin rouge, ayant
un peu la saveur de ceux de Bordeaux communs. Je visitai la propriété, très-bien cultivée et plantée.

ALGER, le 25 Mars.

Me voici, ma chère Caroline, de retour dans la capitale
de l'*Algérie*, dans cette belle ville qui me plait tant et que
j'aime parce qu'elle me rapproche de toi. Ce n'est pas sans
peine que nous y avons abordé; l'équinoxe se fait fortement sentir dans la Méditerranée et notre navigation a été
périlleuse. Un grand vent du nord-ouest nous a assaillis à
notre sortie du port de *Mers-el-Kébir*; puis notre chaudière s'est trouvée avoir une fuite, qui a interrompu le service de la machine. Le vent et le courant nous jetaient à
la côte; nous avons pu heureusement atteindre le mouil-
lage d'*Arzew*, où nous nous sommes abrités et où nous
sommes restés vingt-quatre heures, tant pour laisser apai-
ser la tempête que pour réparer la chaudière. Je n'ai pas
eu conscience des dangers que nous avons courus. Malgré
les secousses de notre bâtiment et la fureur du vent et des

flots, je m'étais profondément endormi dans ma cabine, et, quoique jeté de côté et d'autre, mon sommeil n'en a pas été interrompu ; je n'ai connu le péril auquel nous avons échappé que par la lecture du rapport que notre commandant adressait à l'autorité supérieure. Enfin, nous nous sommes remis en route le 23 au soir, et sommes arrivés ici toujours tourmentés par les vents et la mer. Je puis te dire que j'ai supporté ce gros temps sans en être incommodé, et je m'en suis consolé en faisant honneur aux repas de la table de notre capitaine, qui était parfaitement servie. Je n'ai donc rien perdu de mon embonpoint ; j'étais comme un coq à l'épinette, et l'air apéritif de la mer favorisait mes digestions, qui sur terre eussent été laborieuses, vu les deux solides repas que je faisais chaque jour. A propos d'appétit, je te dirai que j'en ai un qui m'embarrasse quelquefois, et quand je dine chez quelqu'un, je suis honteux de l'énorme consommation de comestibles que j'entonne dans mon estomac ; ja tâche de tourner la chose en plaisanterie pour ne pas paraître un affamé et un glouton.

Je compte partir par le courrier du 30 mars, m'arrêter quelques instants à *Marseille*, pour y prendre des objets que j'ai laissés à l'hôtel de *Pologne*, passer vingt-quatre heures à *Avignon* auprès de M. *Reynier*, m'arrêter un instant à *Lyon*, puis en repartir pour avoir le bonheur de te serrer dans mes bras vers le 7 ou 8 avril. Cependant, chère amie, comme tout ne va pas comme on le prévoit et on le désire, il peut se faire que mon arrivée soit retardée, comme, par exemple, le mauvais temps, qui n'a pas permis au courrier de France d'arriver encore et qui se trouve de deux jours en retard. Mais fie-toi à ma bonne étoile, au signe du scorpion qui a présidé à ma naissance, qui m'a rendu assez heureux pour épouser une femme comme toi, et avoir des enfants comme les nôtres. Il ne m'abandon-

nera pas au moment où je retournerai auprès de ma famille.

Je n'ai pu encore avoir tes lettres ; des formalités m'en
ont empêché depuis mon arrivée, et je suis obligé de mettre
celle-ci à la poste à cause du départ du courrier.

Adieu, bonheur de ma vie ; je t'embrasse tendrement,
ainsi que nos chers enfants.

Tout à toi.

STÉPHEN.

XX

À Mademoiselle Isabelle Bailly.

Ce matin, ma chère *Nana*, après avoir mis ma lettre à la poste, j'ai appris que le courrier d'*Alger* à *Marseille* ne partait pas dans la journée, comme cela a lieu d'habitude. Ce retard est causé par suite de celui de l'arrivée du courrier de France qui devait être ici le 22 et qui, à ce moment 25, n'est pas encore arrivé; cela fait trois jours de retard. Il aura probablement comme nous éprouvé quelques avaries qui le forcent à relâcher, ainsi que nous l'avons fait. Je vais donc profiter du délai qui m'est accordé pour répondre à tes deux lettres du 3 et du 12 courant. Je suis enchanté, chère petite, que mes lettres vous fassent plaisir et récréent vos longues soirées d'hiver passées au coin du feu. C'est dans cette intention que je les fais aussi longues que ma vie aventureuse me le permet. Tu dois voir que je ne perds pas un instant pour vous écrire et que je le fais souvent sur lieux et sur mer. Je suis bien aise aussi que le style t'en plaise; il n'est pas brillant, mais je tâche de rendre aussi exactement que possible les impressions que je reçois, et je voudrais vous les décrire de manière à ce que vous pussiez participer un peu

au plaisir que la vue de ces beaux sites me fait éprouver.
Tu trouveras probablement beaucoup de répétitions et d'in
corrections ; mais ayant à peine le temps d'écrire, je n'ai
pas celui de relire et de corriger mes lettres. L'essentiel
est qu'elles vous amusent et vous intéressent, et je me
garde bien de faire de la poésie, qui n'ajouterait rien à la
réalité et en détruirait peut-être l'exactitude; tu peux donc
ajouter foi à mes tableaux comme à l'Évangile. Je tâcherai de te rapporter une capsule de coton non ouverte; cela
sera peut-être difficile à trouver, attendu que les cotonniers sont taillés ou arrachés; mais ce que je te promets,
c'est d'en rapporter de la graine et d'en élever un pied
dans notre serre chaude, où il trouvera la température
africaine et où il pourra fleurir et venir à graine. Tu pourras ainsi connaître toutes les phases de la végétation de
cette plante qui joue un si grand rôle dans l'industrie des
peuples civilisés.

Je t'apporterai aussi un œuf d'autruche; j'espère en
trouver au marché comme j'en ai déjà vu. Je ne me charge
pas de rapporter un échantillon de tous les fruits et
légumes qui se mangent en Algérie, le nombre en est trop
considérable; une grande partie, d'ailleurs, vous est connue;
tous les légumes d'Europe y figureraient et ce serait envoyer
de l'eau à la rivière; mais je rapporterai une partie de
ceux que vous ne connaissez pas. Quant au singe de
M. *Rosier,* il faut rayer cela de ta liste; je ne me soucie
pas d'un pareil compagnon de voyage; je l'échangerai
contre un paquet de cigares. Quant à *Emile*, j'ai une peau
de bête pour lui; à la vérité, elle n'est pas de *lion*, mais
en attendant je lui en apporte une de chacal. En passant
le long de la *Montagne des Lions* que j'ai côtoyée pendant trois lieues, j'en ai commandé une qui m'arrivera un
jour de cet été... ou de cet automne. Je voudrais bien

conserver pour ta bonne sœur une partie des charmantes
fleurs que je foule aux pieds ; cela, malheureusement, n'est
pas possible : je n'ai ni boîte d'herborisation, ni presse,
ni aucune des choses nécessaires pour faire sécher les
végétaux ; d'ailleurs, le temps me manquerait pour ces
opérations ; j'en suis réduit à mon portefeuille pour tout
ustensile, et les petites fleurs qu'il peut contenir sont destinées pour ta maman. J'étais si pressé quand j'ai fermé
ma lettre ce matin que je n'ai pas pensé à les y mettre ;
je vais donc les placer dans celle que je t'écris.

Si M. *Hardy* me tient parole, je rapporterai en France
quelques végétaux vivants, comme palmiers, qui me rap-
pelleront mon séjour en Algérie ; je lui demanderai quelques graines, entre autres celles de coton.

J'ai vu aujourd'hui le jeune homme qui m'a donné pour
toi la valse que je t'apporterai ; nous avons déjeuné ensemble ; il est réellement charmant et très-aimable ; il a bon
ton et de très-bons sentiments, avec beaucoup de juge-
ment. Il m'a raconté un épisode de sa vie qui prouve
combien sa raison est au-dessus de son âge. Il me montre
beaucoup d'amitié et de déférence et je m'en regarde
honoré. Je lui ai donné des nouvelles de son ami et cela
lui a fait un vif plaisir, car il y a longtemps qu'il n'en
avait reçu. Nous attendons tous deux ce jeune voyageur
avec la même impatience, lui parce que c'est son ami et
son associé, et moi parce qu'il me donnera des nouvelles
de visu des êtres chéris qu'il a vus aux *Motteaux*. Il doit
arriver par le courrier qui est en retard.

Je te dirai, chère *Nana*, que je suis dévoré de puces ;
les ci-devant habitantes du caravansérail ont élu domicile
dans mes vêtements et s'en donnent à cœur-joie ; elles ne
veulent pas quitter ma peau, ne trouvant rien de mieux
pour le moment, et comme j'ai presque toujours couché

tout habillé depuis lors, je n'ai pu leur faire une chasse en règle; je suis d'ailleurs très-mauvais chasseur et très-inhabile à les prendre, de sorte qu'elles s'engraissent sur moi tout à leur aise.

J'ai retrouvé sur le bateau le *grand vicaire d'Ager*, dont j'avais fait la connaissance en allant à *Oran;* c'est un digne homme, d'un caractère très-doux et bienveillant; nous nous entendions parfaitement. J'ai fait ausssi une nouvelle connaissance, celle d'un bon curé de campagne, chanoine honoraire d'*Alger*. Nous avons beaucoup causé religion et foi dans la vie éternelle; il m'a promis d'adresser à Dieu ses plus ferventes prières pour qu'il me donne cette foi qui me manque; il m'a aussi donné une petite médaille en argent. Il m'a raconté deux conversions de *juifs* qui ont embrassé la religion catholique; cela tient presque du miracle. Ces deux excellents prêtres ont rendu moins ennuyeuse ma traversée de mer, car les secousses du bâtiment et le mauvais aménagement et les mauvaises dispositions des cabines ne me permettaient guère d'écrire.

Pour faire ombre aux bonnes relations que j'avais nouées, nous avions pour convive à la table du commandant un ancien représentant du peuple chargé de je ne sais quelle mission; homme faisant l'important, tranchant sur tout et prenant pour ainsi dire à tâche de blâmer tout ce que les autres disaient. Il était parvenu à intimider les bons prêtres, qui n'osaient lutter de raisonnement avec un individu qui brisait les vitres et répondait des grossieretés. Il n'y avait que le commandant et moi qui osions lui tenir tête; mais avec lui la discussion passait à l'aigreur, et j'ai été très-content de la voir terminer par notre arrivée à *Alger*. Il a donné de lui la plus fâcheuse opinion. Je ne conçois pas comment il se fait que le gouvernement emploie des aboyeurs de cette espèce.

Je vois, ma bonne *Isabelle*, qu'il est temps que je termine ma lettre; à peine ai-je la place pour te dire que je t'aime de tout mon cœur et que je te reverrai avec bien du plaisir.

Ton père affectueux.

STÉPHEN.

P. S. — Je joins à ma lettre trois notices spéciales.

1ʳᵉ NOTICE.

LES CAFÉS MAURES.

Les cafés maures sont d'une simplicité primitive; ils consistent en une ou plusieurs salles dont les murs blanchis à la chaux sont absolument sans décoration. De larges tablettes en bois, élevées de 50 à 60 centimètres au-dessus du sol et placées le long des murs, forment les siéges. Il n'y a pas de table; chacun s'assied ou s'accroupit à sa volonté et prend son café dans de petits bols sans soucoupe. Les musulmans savourent tour à tour une gorgée du divin nectar et une bouffée de tabac qu'ils aspirent lentement d'une longue pipe arabe. Un silence religieux règne dans ce lieu de recueillement, qui ne ressemble en rien à nos établissements européens; une lumière faible et douteuse éclaire juste assez pour qu'on ne soit pas dans une complète obscurité. Dans certains cafés de ce genre, les tablettes sont couvertes de nattes de jonc; c'est un luxe que tous ne se permettent pas. Pour jouir de ce confortable inaccoutumé, il faut quitter ses chaussures, et alors il est per-

9*

mis de s'y placer à la façon des tailleurs. La musique est quelquefois le délassement de ces Africains; les Arabes ont leur café chantant. Elle est aussi simple que leur ameublement. Deux musiciens sont placés sur une des tablettes; l'un souffle dans un roseau dont l'extrémité est percée de plusieurs trous : cet instrument a la grosseur et la longueur d'une flûte ordinaire, mais se joue comme un flageolet; les sons qu'on en tire sont graves et peu variés; ce sont toujours les mêmes notes répétées sans relâche et sur le même ton. Leur nombre se réduit à trois. Cet orchestre a pour accompagnement un petit tambour de forme carrée, ayant environ vingt-cinq centimètres de côté et six centimètres d'épaisseur; il est tenu verticalement et frappé avec les doigts, qui font l'office de baguettes. On ne saurait s'imaginer la force des sons qu'une main exercée peut en tirer. Je cherchais des yeux la grosse caisse qui devait les produire et il m'a fallu longtemps observer l'orchestre pour m'assurer qu'il provenait d'un aussi petit instrument. Celui qui joue du tambour chantait un refrain aussi varié que la musique; on m'assura que c'était une improvisation. Elle n'a pas dû lui coûter beaucoup de frais de composition. Le café était fort bon et ne coûte que deux sous la tasse. On peut à bon marché jouir à *Alger* des délices des cafés maures.

Dans un autre café éclairé par des falots où la lumière n'était pas prodiguée, j'ai fini par apercevoir des joueurs de dames. Le damier m'a paru semblable à celui des Européens, mais les dames, au lieu d'être plates comme les nôtres, ressemblent un peu à des quilles : la manière de jouer diffère aussi de la nôtre; les jours ne prennent pas en arrière et n'ont pas de dames damées. Ces cafés, ai-je dit, sont le délassement des paisibles Algériens indigènes. La politique n'exalte pas leur tête; il n'existe pas de journaux, et quand il y en aurait, la faible lueur répandue dans ces lieux ne permettrait à personne de les lire. J'avais visité ces cafés avec un jeune peintre d'Alger ; nous prîmes place au milieu des Arabes ; la vue de deux Européens ne sembla en aucune manière exciter leur curiosité, ni troubler leurs tranquilles jouissances. Je désirais examiner de près le merveilleux tambour dont les sons me frappaient d'étonnement ; mon compagnon, qui parle un peu l'arabe, le demanda à l'improvisateur, qui ne fit nulle difficulté de me le confier et je pus l'examiner à mon aise.

J'avais précédemment visité un café maure à *Blidah* et voici dant quelles circonstances. Le *sous-préfet de Blidah* m'avait donné un employé de la sous-préfecture pour cicerone. Voulant faire une politesse à ce guide, je lui offris une tasse de café, ce qui ne se refuse pas plus en Algérie qu'en France. Nous entrâmes dans un établissement maure situé sur notre route. C'était un simple hangar ouvert sur un jardin. Les murs en étaient blanchis à la chaux et l'ameublement était pareil à celui des cafés d'*Alger*. Un garçon nous apporta le café, qui se trouva fort bon et dont j'étais en train de savourer l'arome, lorsqu'un Arabe de haute taille, qui avait causé avec mon cicerone, vint auprès de moi. Il me salua à la française avec beaucoup de distinction ; puis m'adressant la parole en très-bon français, il me dit : « Je viens d'apprendre, monsieur, que
» vous êtes le neveu du sous-préfet et que vous désirez voir
» les orangeries de *Blidah* ; je suis moi-même propriétaire
» de plusieurs jardins plantés d'orangers et je serai heu-
» reux de vous faire voir mes plantations. » A ces paroles pleines d'urbanité que j'étais loin d'attendre d'un indigène, je me rappelai un *Arabe* dont ton oncle *Charles* m'avait parlé et dont il avait fait la connaissance en Algérie. Je savais qu'il habitait *Blidah* ; il me vint de suite

à l'idée que cet Arabe pouvait bien être celui dont mon beau-frère m'avait vanté la politesse ; je lui dis donc : « Je ne suis pas le neveu de M. le sous-préfet, mais il me » semble, Monsieur, avoir entendu parler de vous. » Il me répondit qu'il n'y aurait rien d'étonnant à cela, qu'il était fort connu à Blidah et à Alger. « C'est à Paris, lui dis- » je, que j'ai entendu parler de vous. — Mais je ne suis » jamais allé en France, répliqua-t-il, et je ne connais » personne à Paris. — Ne connaîtriez-vous pas un » monsieur *Blanchard*? dis-je à mon tour. — Mais oui, » j'ai connu un monsieur *Blanchard*, directeur des mines » à *Mouzaïa*. — Eh bien, M. *Blanchard* est mon » beau-frère, et c'est lui qui m'a parlé de vous fort avan- » tageusement. » Il me demanda des nouvelles de M. et de madame *Blanchard*, me dit qu'il était heureux de pouvoir être utile au parent d'une personne qu'il aimait et estimait, et je me trouvai ainsi en pays de connaissance d'une manière tout à fait inattendue.

Nous visitâmes ses propropriétés, qui forment de déli-cieux jardins, où toutes les fleurs et tous les fruits d'Eu-rope se mêlent aux productions de ce beau pays. Je cueillis des oranges exquises et il me donna un bouquet de fleurs qui ne s'épanouissent en France que dans les mois de mai et de juin. Nous parcourûmes ensemble les environs de *Blidah* et nous ne nous séparâmes qu'à six heures du soir, nous donnant rendez-vous à huit pour passer le reste de la soirée ensemble. J'étais désireux de continuer avec lui la conversation intéressante que j'avais commencée dans le but de m'initier aux usages et aux mœurs des indigènes de notre colonie. Je me trouvai à huit heures précises au rendez-vous, où il m'avait devancé de quelques minutes : c'était à ce même café où j'avais fait sa connaissance et dont il était le propriétaire. Je lui adressai une question qui

pouvait être indiscrète : le nombre des femmes dont il était le mari. Il me répondit qu'il n'était pas encore marié, qu'il vivait avec sa mère et ses sœurs, ce qui ne lui avait pas permis de me recevoir dans son domicile, attendu que les usages orientaux s'opposent à l'admission d'un étranger dans l'intérieur des familles. Je parus étonné qu'ayant plus de trente ans il ne fût pas encore marié. A cette question, il me raconta l'histoire des malheurs de ses parents. Son père était un des chefs qui combattirent contre les Français en 1830 ; il perdit la vie en défendant vaillamment son pays, et sa veuve resta sans soutien avec quatre enfants. Elle eut le bon esprit de se soumettre aux malheureuses circonstances qui l'avaient privée de son mari et de placer son fils (mon interlocuteur) dans une de ces écoles franco-arabes que le gouvernement nouveau avait instituées. « Je puisai là, me dit mon Arabe, l'ins-
» truction et les habitudes européennes que je n'aurais pu
» acquérir dans une école purement algérienne. Je mis de
» mon mieux à profit les connaissances que l'on m'avait
» enseignées pour m'occuper avec avantage et profit d'a-
» griculture et de commerce. L'instruction que j'avais
» reçue me permit de faire des spéculations fructueuses,
» et j'ai acheté des propriétés, que j'ai revendues avec un
» énorme bénéfice. Un jardin près de *Blidah*, qui m'avait
» coûté 1,200 fr., a été revendu par moi 18,000 fr. quel-
» ques années plus tard. Si Dieu continue à bénir mes
» spéculations, j'espère conquérir bientôt la brillante posi-
» tion qu'occupait mon père avant la conquête ; je pourrai
» alors marier mes sœurs, assurer une existence honorable
» à ma mère, tâche que je me suis imposée, et ce n'est
» qu'à ce moment que je penserai moi-même au mariage.»
Tu vois, ma chère fille, que la moralité existe dans toutes les religions. Mon Arabe m'a donné son nom ; il s'appelle

Hassan ben kaïd Hamet, ce qui signifie *Hassan, fils du
kaïd Hamet*. Je causai avec lui des mœurs de ses coreligionnaires, de religion, d'agriculture, de commerce et même
de philosophie. Je trouvai chez cet indigène des réflexions
très-sages qui font voir que cette race arabe n'est pas infé-
rieure à notre race européenne, au moral comme au physique. Si nous parvenons à détruire les préjugés de religion et de nationalité, nous aurons dans ce peuple conquis
un puissant auxiliaire. Les trois heures que je passai avec
cet homme distingué se sont écoulées de la manière la plus
agréable et la plus affectueuse. Je lui ai promis de lui
envoyer de nos graines et de nos plantes françaises pour
améliorer ses cultures; c'est une promesse à laquelle je ne
manquerai pas.

Avant de terminer cette notice, je te parlerai d'un breuvage maintenant très-usité en Algérie. J'avais vu dans les
rues d'Ager une enseigne portant ces mots : *Café Champoreau;* il s'agissait là d'un café français. Ma première
pensée fut qu'un nommé *Champoreau* était propriétaire de
ce café; un peu plus loin je vis la même enseigne et je
crus que c'étaient deux frères *Champoreau* qui avaient
établi des cafés à Alger; une troisième enseigne, enfin,
toute semblable, me fit croire que la famille Champoreau
avait la spécialité des cafés à Alger. Me trouvant un jour
avec M. *Roi*, inspecteur de la colonisation, avec lequel
j'avais rendez-vous pour aller à l'*Harbah*, mon cicerone
me demanda si je voulais prendre un *champoreau;* sur
ma réponse que je ne savais pas ce que c'était, il me dit :
« Eh bien, vous allez faire connaissance avec ce breuvage
» qui est agréable et bienfaisant; voici ce en quoi il con-
» siste : on verse de l'eau bouillante dans un verre, on y
» met du sucre, du café et du rhum ou de l'eau-de-vie, ou

» du kirsch à volonté. Ce mélange offre une boisson excel-
» lente au goût et à la santé. Les proportions sont au goût
» du consommateur, comme cela se pratique pour les
» grogs que l'on sert dans nos cafés. »

Cette explication donnée, nous entrâmes dans un café.
Là je fus bientôt à même d'éprouver que cette espèce de
rafraîchissement dont venait de me parler M. Roi soutient
les forces et combat la fatigue beaucoup mieux qu'aucune
des boissons que je connaisse. Après une longue marche,
au moment où les forces sont épuisées, un verre de *champ-
poreau* enlève la fatigue au bout d'un quart d'heure et vous
rend frais et dispos comme si l'on s'était reposé pendant
plusieurs heures. Cette boisson n'a pas l'inconvénient des
spiritueux et des liqueurs qui portent à la tête et ne font
qu'augmenter la fatigue. Essayez donc du champoreau.

2e N O T I C E.

MOSQUÉES.

J'ai peu de chose à te dire, ma chère *Isabelle*, sur les
monuments religieux des mahométans que l'on nomme
mosquées. Notre cathédrale d'Alger était une ancienne
mosquée ; mais elle a perdu tout son caractère indigène
depuis qu'elle a été appropriée au culte catholique. L'architecture moresque seule a été conservée. J'ai visité une
seule mosquée consacrée au culte mahométan et située
dans la partie haute de la ville d'Alger. L'extérieur de ce
monument n'a rien de remarquable ; il est indiqué seulement par un minaret, espèce de clocher, d'où les muezzins
appellent les fidèles à la prière. L'intérieur est simple et
propre ; il se composait de trois nefs aboutissant chacune
à une partie cintrée formant le centre du monument. Une

chaire est au milieu de cette rotonde. Il n'y a aucune espèce d'ornement; des nattes et des tapis couvrent le sol; des tribunes sont placées dans la partie élevée. Au moment où je me trouvais dans cette mosquée, il n'y avait pas d'office. Je n'y vis que quelques musulmans gravement assis à la turque et fumant tranquillement leur pipe. Ils disaient probablement des prières muettes.

3e NOTICE.

BAINS MAURES.

J'avais souvent entendu parler des bains orientaux et des massages qui s'y pratiquent. J'en avais lu des descriptions, et l'occasion se présentant de faire plus amplement cennaisssance avec eux, je ne la laissai pas échapper. Je me rendis donc à un bain more situé près de la place du Gouvernement. Cet établissement sert pour les deux sexes; depuis six heures du matin jusqu'à six heures du soir il est destiné aux usages de propreté des femmes; la nuit il sert aux hommes. Les bains mores, si on peut appeler bains les opérations qu'on y subit, ne ressemblent en rien à nos bains européens. On n'y trouve pas cette série de cabinets particuliers qui séparent les baigneurs. L'établissement est composé de deux rotondes entourées de colonnes torses en marbre blanc soutenant une coupole; une galerie de deux mètres de largeur entoure ces rotondes. La première, qui sert d'entrée, est garnie de matelas; c'est là que les baigneurs se déshabillent, après avoir remis au gardien les effets précieux qu'ils ont sur eux; puis ils attachent leurs vêtements à un porte-manteau placé au-dessus de chaque matelas. Ils sont ensuite revêtus d'un manteau de flanelle; ils passent après dans la seconde rotonde séparée de la première par un rideau en tapisserie. Au milieu de cette seconde rotonde, où la température est de 40 à 45 degrés centigrades, se trouve une espèce de catafalque recouvert d'une plaque de marbre noir ayant environ deux mètres de largeur sur trois mètres de longueur. Cette plaque est chauffée à une température trop considérable pour qu'on puisse y tenir la main. On place dessus cette plaque trois petites nattes rondes ; puis l'on dépouille les baigneurs, qui vont devenir de vrais patients, de leurs mateaux de flanelle ; on les étend, couchés en long, sur la plaque, en ayant soin de mettre des coussins sous leurs pieds, sous leur tête et sous la partie charnue qui commence à l'endroit où finissent les reins et où commencent les cuisses. Le baigneur reste dans cette position horizontale autant qu'il lui plaît, ce qui dure ordinairement un quart d'heure ou vingt minutes. La chaleur qui s'exhale de la plaque de marbre enveloppe son corps et provoque une sueur très-abondante, qui ruisselle et tombe sur le marbre en y provoquant une espèce de crépitation, ce qui prouve combien sa température est élevée. Quand on ne peut plus supporter la forte chaleur que l'on éprouve, le garçon baigneur vous retire de cette fournaise et vous conduit dans la galerie où se trouvent placées des espèces de chapelles ; on vous étend de nouveau par terre sur un marbre chaud, mais non brûlant ; puis avec la main garnie d'un gant rude, le même individu vous ploie les membres, vous les frotte ainsi que le corps et enlève des morceaux d'épiderme qui s'enroulent jusqu'à la grosseur d'un tuyau de plume. Il faut réellement être né sous les tropiques pour supporter un travail aussi pénible sous une aussi forte température ; aussi sont-ce des nègres qui sont chargés de renouveler ainsi votre épiderme. De temps en temps le garçon baigneur vous arrose le corps avec de

l'eau chaude et de l'eau froide alternativement ; puis il vous
demande si vous voulez qu'on vous savonne la tête. Je me
prêtai à cette dernière opération en fermant les yeux.
Après m'avoir arrosé la tête avec de l'eau chaude et de
l'eau froide, mon opérateur la frotta avec du savon et il
acheva ses soins de propreté avec une brosse ; de cette manière aucune partie de mon corps ne fut oubliée. Ces mas-
sage et lavage durèrent environ une demi-heure ; puis, après
m'avoir jeté de nouveau de l'eau froide et chaude, m'avoir
bien lavé avec une éponge, m'avoir bien essuyé avec des
serviettes, on me remit mon vêtement de flanelle et l'on me
conduisit dans la première galerie, où je m'étendis sur un
matelas. On m'apporta une tasse de thé bien chaude, qui
provoqua une nouvelle transpiration. Je m'endormis
ensuite pendant trois heures environ ; puis je m'habillai ;
on me remit ma montre et ma bourse et j'allai terminer
ma nuit à mon hôtel. Mon bain et tout ce qui s'ensuit
m'avaient coûté la légère somme de 2 fr.

XXI

D'Alger, le 29 Mars 1855.

A Madame Bailly.

Je profite, ma chère Caroline, du départ du navire le *Languedoc* pour t'écrire un très-petit mot, n'ayant pas le temps de t'ennuyer ou t'amuser de ma prose dont je t'envoie ordinairement un kilomètre de longueur. Me voici de retour de *Blidah*, nommé à juste titre le jardin de l'*Algérie;* rien effectivement n'est charmant comme les environs de cette ville, plantés de toutes sortes d'arbres fruitiers et particulièrement d'orangers. A une lieue de distance l'air est embaumé par l'immense quantité de fleurs dont sont surchargés ces magnifiques arbres. De majestueuses montagnes encadrent du côté du sud les beaux jardins de *Blidah*. Il y en a qui ont plus de 1,500 mètres de hauteur et sur lesquelles la neige n'est pas encore entièrement fondue. C'est avec un vif regret que je n'ai pu voir les villes de *Médéah* et de *Milianah*, dont on m'a vanté la position pittoresque et dont la route fait l'admiration des voyageurs, même les plus profanes. Je remets à plus tard à te faire la description de la ville et des environs de *Blidah*. Je me suis arrêté dix-huit heures à *Boufarik*, ville située au milieu de la plaine de la *Mitidja*, au lieu et place d'un marais pestilentiel et qui, grâce aux travaux d'assainissement, est devenue une ville très-salubre et forme un des points les plus intéressants de l'*Algérie*, sous le rapport de l'agriculture et des plantations. Revenu hier à midi, je commençai à m'occuper de mes visites d'adieu. J'écrivis au gouverneur général pour lui demander à quelle heure je pourrais me présenter chez lui; il me répondit de suite, en m'invitant à sa soirée du mercredi. J'allai ensuite au Jardin d'essai pour faire mes adieux à M. *Hardy* et lui rappeler sa promesse de me donner quelques graines et quelques plantes. Je le trouvai et il doit aujourd'hui les envoyer à mon hôtel. J'étais allé plusieurs fois inutilement pour voir M. *Million,* ce jeune homme qui était venu aux Motteaux. J'étais impatient de le voir et d'avoir de lui des nonvelles de toi, chère amie ; j'ai enfin pu le trouver à l'issue de son dîner ; nous avons passé la soirée ensemble, jusqu'au moment où je m'habillai pour me rendre à l'invitation que j'avais reçue. *M. le général Randon* m'accueillit d'une manière très-gracieuse et très-honorable ; il quitta les personnes qui l'entouraient pour me faire asseoir auprès de lui dans un coin du salon, et nous avons causé pendant trois quarts d'heure des impressions que m'avait faites l'agriculture de l'Algérie ; il était tard, tout le monde s'éclipsait ; je fis de même en lui faisant mes adieux ; il me dit qu'il regrettait beaucoup que je ne vinsse pas me fixer en Algérie ; que mes conseils seraient fort utiles aux colons africains. Il me demanda si je n'avais pas de parents ou amis à envoyer à ma place et m'engagea beaucoup à revenir en Algérie continuer la bonne œuvre que j'avais si bien commencée. Tu vois que je n'ai qu'à me féliciter de mes rapports avec cet excellent administrateur. Le préfet, qui se trouvait à la réunion, m'a comblé de prévenances et d'amitié. Je vais aujourd'hui lui faire aussi mes adieux. En sortant du palais du gouverneur, je me suis déshabillé et suis allé prendre un bain maure. Je commence mes emplettes de produits algériens. J'aurais beaucoup de choses à rapporter si l'état de mes finances me le permettait ; je me bornerai à celles qui ne feront pas une trop large brèche à ma bourse. Le billet que tu m'as envoyé me sera fort utile, sans lui j'aurais été fort embarrassé pour payer mon retour aux *Motteaux.* Enfin, ma Caroline, me voici donc au terme de mon absence. Chaque pas que je ferai maintenant me rapprochera de toi ; avec quel plaisir je te serrerai dans mes bras, ainsi que ma chère *Nana*; que je reverrai nos *Motteaux* que le beau pays de l'*Algérie* ne me fait pas oublier ! J'espère y retrouver notre bonne *Élisa* dont j'ai reçu une lettre qui m'annonce qu'elle compte y venir passer les vacances de Pâques. Que de bonheur à la fois ! Je m'arrête, car l'heure du courrier est arrivée et je ne veux pas manquer cette occasion extraordinaire de te faire parvenir cette lettre vingt-quatre heures plus tôt. Je m'embarquerai sur le *Nil*, ce beau navire qui m'a conduit de *Marseille* aux rives de l'Afrique. J'en suis bien aise, parce qu'il est bien installé et que j'ai fait la connaissance de son commandant.

Je t'envoie, ci-joint, quelques fleurs que je cueille de temps en temps à ton intention. Je t'embrasse bien tendrement, chère amie, ainsi que ma *Nana*.

TON ami,

STÉPHEN.

XXII

A bord du *Nil*, 30 Mars 1855.

A Madame Bailly.

Ma chère Caroline, la terre d'Afrique a disparu à mes yeux et ce n'est pas sans regret que j'ai quitté l'*Algérie*, cette terre hospitalière où j'ai reçu de tout le monde un accueil si bienveillant. Mais ces regrets du départ disparaissent devant la pensée que chaque tour de roue de notre beau navire me rapproche de toi, de nos enfants, de nos *Motteaux*, de tous ces êtres chéris, de ces lieux charmants où j'ai connu le bonheur, entre la compagne de ma vie et les excellents enfants qu'elle m'a donnés. Aussi je me réjouis de vous embrasser et j'espère bien trouver notre bonne *Élisa* auprès de toi. La mer est assez belle; cependant le roulis et le tangage assez sensibles du vaisseau ont déjà fait de nombreuses victimes du mal de mer; il manquera plus d'un convive à la table de notre commandant. Jusqu'à présent je ne ressens pas les effets de cette désagréable maladie, et je profite du loisir que j'ai pour t'écrire une lettre qui précédera mon arrivée de deux ou trois jours. Suivant le désir que *Nana* m'a exprimé de ta part, j'ai fait emplette de quelques fruits et légumes qui ne sont connus que de nom dans notre pays; je fais des vœux pour qu'ils arrivent en bon état et que tu puisses goûter des productions de l'Algérie. Je rapporte aussi un échantillon des produits de l'industrie, objets de peu de valeur, mais dont, j'espère, tu apprécieras l'utilité. J'y ai joint quelques vues de la ville d'Alger, qui te donneront une idée de cette cité bien mieux que les croquis que j'ai crayonnés.

Je vais reprendre le journal de mon voyage; il me semble me rappeler que j'en étais au caravansérail de Perregaux. Le lundi matin je partis de ce lieu exempt de délices, monté sur un cheval arabe et traversai la plaine de l'*Habrah*, terrain uni comme notre vallée de Château-Renard, et arrosée par une belle rivière six fois plus considérable que celle du *Sig*. Quand des travaux de barrage, bien faits, auront été exécutés comme on l'a fait pour la plaine du *Sig*, on pourra irriguer environ 20,000 hectares d'excellentes terres, qui maintenant sont en friche ou trèsmal cultivées par les Arabes; il y aura de quoi faire vivre dans l'aisance 10,000 familles. On a déjà commencé des irrigations, mais sans nivellement ni travaux d'art, et l'on a laissé se former des marais en certains endroits; il en résulte que ces irrigations faites par des hommes étrangers à la science sont peut-être plus nuisibles qu'utiles.

Je cheminais à côté de mon guide, le suivant dans les endroits marécageux, et pour traverser les nombreux canaux d'irrigation où mon cheval avait de l'eau jusqu'au ventre, passant entre les nombreux douairs des Arabes entourés d'épines. Enfin, j'arrivai au village appelé *Aïn-Nouissy*. Je t'ai raconté tout ce qui m'était arrivé dans ce village jusqu'à *Mostaganem*. Je t'ai aussi parlé de madame Moreau, ma vaillante hôtesse, et de mon guide arabe; je n'y reviendrai pas, car je m'aperçois que j'allais recommencer des détails que tu connais déjà. J'avais seulement oublié de te dire, je crois, que le secrétaire de la sous-préfecture de *Mostaganem* m'assura que notre excellent ami le général Pélissier se détournait parfois de sa route pour venir à *Aïn-Nouissy* déjeuner à l'hôtel de madame Moreau, riant probablement dans sa barbe de son étrange enseigne.

1er Avril.

Le temps à bien changé, ma Caroline! le vent s'est élevé, la mer est devenue très-mauvaise, tout le monde est malade. J'ai subi, moi l'invincible, le sort commun; mais j'en ai été quitte pour un seul tribut payé à Neptune; ce fut après un bon dîner; j'eus le chagrin d'avoir broyé mes aliments pour le profit des poissons. Ce facheux état ne dura point et, le lendemain au déjeuner, je pris ma revanche et mangeai comme quatre. Cette purgation naturelle a un effet désastreux pour le restaurateur; depuis ce moment, j'ai un appétit insatiable et je suis devenu le plus formidable consommateur du *Nil*. J'exerce une vengeance terrible envers la Compagnie, qui a fait payer un supplément de nourriture à ce pauvre *Charles* qui n'avait pas quitté le lit et n'avait pris que de l'eau sucrée. Toute la journée du 31 mars a été très-pénible; les vagues couvraient le navire et l'on ne pouvait se tenir sur le pont. Nous nous mîmes sous l'abri des *îles Baléares*, et, côtoyant assez longtemps l'*île de Majorque*, nous eûmes ainsi quelque répit; mais quand nous eûmes dépassé le dernier cap, nous trouvâmes une mer furieuse. L'*île de Majorque* est très-montagneuse et l'intérieur, m'a-t-on dit, en est charmant; la côte que nous avons longée de près et qui regarde l'*Espagne* est très-pittoresque; on n'y voit ni habitations ni cultures. En quittant *Majorque*, nous nous sommes dirigés vers la côte d'*Espagne*. Ce matin, à mon réveil, j'ai admiré un très-beau coup d'œil : des montagnes

10

abruptes bordent la mer en s'étageant les unes sur les autres, et, dans le lointain, les *Pyrénées*, couvertes de neige, éclairées par le soleil levant, forment un fond d'une admirable beauté. Sur le bord de la mer on voit, de temps en temps, des villes et des villages espagnols ; la côte que nous avons en vue est très-pittoresque ; mais elle est presque dépourvue de végétation.

Décidément, chère amie, je n'ai pas de chance sur mer. Partis d'Alger par un très-beau temps, le vent s'est élevé et a rendu notre navigation très-pénible ; en ce moment, un affreux coup de vent nous oblige à chercher un refuge dans la baie de *Rosas*, où nous mouillons. Notre beau navire est tranquillement arrêté sur ses ancres, à un mille de la terre, environ un tiers de lieue. Nous sommes en face d'une petite ville appelée elle-même *Rosas*.

8 heures du soir.

Presque tous nos malades sont debout ; notre dîner ordinairement solitaire est presque au complet et la table est bien garnie de convives ; j'ai à mes côtés une mère de famille qui allaite son enfant ; c'est la première fois qu'elle sort de son lit. Mon camarade de cabine, capitaine de cavalerie, est aussi du nombre des commensaux et maintenant tout le monde, après s'être promené une partie de la soirée sur le pont, est établi autour de la table. Les uns lisent, les autres jouent aux cartes ou causent ; j'en profite pour t'écrire ces quelques lignes. On apporte le thé et je ne le laisserai pas circuler sans lui dire un mot ; nous attendons que la tempête s'apaise ; nous ne savons encore quand nous pourrons lever l'ancre. Ce contre-temps va retarder mon arrivée, chère amie, et le plaisir que j'aurai à t'embrasser ; mieux vaut encore ce retard que de sombrer en mer et d'être jeté à la côte. Notre commandant,

qui a une longue expérience de la Méditerranée, en a jugé
ainsi et l'on peut s'en rapporter à sa prudence. Nous ne
sommes plus sous le beau climat de l'Algérie ; nous n'é-
prouvons plus cette douce température dont nous avons
joui ; nous retournons à l'hiver ; le froid se fait sentir ; il
faut remettre ses vêtements supplémentaires, se fourrer
comme un oignon ; encore ne sommes-nous qu'en *Espagne*.
Que sera-ce en France, dans nos climats glacés du Nord ?

2 Avril, 7 heures du matin.

Nous venons de lever l'ancre, ma Caroline, et nous
voguons vers les côtes de France ; nous n'avons pas gagné
grand'chose à attendre ; le vent du nord-ouest souffle toujours avec violence ; la mer est très-forte ; les lames nous
inondent ; on ne peut tenir sur le pont ; notre navire est
fortement secoué. Je crains que nous ne puissions continuer
notre route et que nous ne soyons abligés de relâcher une
seconde fois.

11 heures du matin.

Nous avançons lentement, le vent du nord-ouest met
obstacle à notre marche. Cependant nous avons dépassé la
frontière et nous sommes dans les eaux françaises. Le premier village habité par nos compatriotes est *Bagnols*, placé
sur le bord de la mer, au pied des Pyrénées, dans un endroit fort pittoresque. On s'aperçoit, à la culture des terres,
parfaitement exécutée, que nous sommes sur le territoire
français.

Midi.

Il fait un temps magnifique, un soleil resplendissant ;
nous suivons de près les côtes de France ; de temps en
temps nous voyons des tours rondes bâties sur le sommet

des montagnes, vestiges de la domination des Sarrasins dans ces contrées méridionales. Nous avons dépassé *Port-Vendres* et *Collioure*; la mer est moins grosse; nous sommes vis-à-vis d'une large baie terminée par une vaste plaine; les Pyrénées, couvertes de neige, étalent leur manteau blanc au fond du tableau et se détachent admirablement sur le ciel.

9 heures du soir.

Notre commandant nous a fait faire un voyage de touristes; nous avons longé de près une partie des côtes d'Espagne et toutes celles de France, depuis *Port-Vendres* jusqu'à *Marseille*. Nous avons vu successivement toutes les villes et tous les villages qui bordent cette partie des côtes de la *Méditerranée; Perpignan, Agde, Cette*, ont tour à tour passé sous nos yeux; ainsi, à quelque chose malheur est bon. Si le temps eût été beau, nous serions arrivés directement et nous n'aurions vu que le ciel et l'eau; grâce au mauvais temps, nous n'avons pas perdu la terre de vue. Nous arriverons à *Marseille* dans le courant de la nuit. Maintenant je vais me coucher.

3 Avril, 7 heures du matin.

Me voici, chère amie, dans le port de *Marseille*; je vais mettre le pied sur le sol de la patrie. Que d'émotions j'éprouve en me rapprochant de toi! Quel bonheur de me retrouver aux *Motteaux* près de vous tous, de pouvoir vous embrasser à mon aise! Dans quatre jours j'espère en jouir. Cette lettre sera la dernière que je t'écrirai. A bientôt, ma Caroline bien-aimée.

Tout à toi, STÉPHEN.

VOYAGE AGRICOLE

FAIT EN 1855, EN ALGÉRIE,

DANS LES PROVINCES D'ALGER ET D'ORAN.

RAPPORT

ADRESSÉ A M. LE MINISTRE DE LA GUERRE.

MONSIEUR LE MARÉCHAL,

Au mois de décembre dernier j'ai eu l'honneur de vous faire part du projet que j'avais formé de visiter une partie de l'Algérie et d'y faire des études agricoles dans l'intérêt de l'agriculture de notre jeune colonie. Vous avez eu la bonté de m'en faciliter les moyens, et, grâce à votre puissante recommandation, j'ai reçu des Autorités et des habitants de ce pays l'accueil le plus honorable et le plus bienveillant. Mon premier devoir est de vous en adresser mes remerciments, ainsi que l'expression de ma reconnaissance.

Un autre devoir est de vous faire part des impressions que m'ont fait éprouver le climat, la végétation, la fertilité naturelle du sol, ainsi que les productions agricoles que les colons ont su tirer de cette terre vierge et si riche.

10*

CLIMAT.

La première impression en approchant d'Afrique a été un changement de température étonnant. Parti de Marseille le 15 février par un froid de 6° au-dessous de zéro, je suis arrivé le 18 au matin à Alger, où j'ai trouvé une chaleur de 26°; 32° de différence. J'avais laissé la terre de France couverte de glace et j'ai trouvé sur celle d'Afrique un tapis de verdure émaillé des fleurs les plus variées, sur lesquelles voltigeaient les insectes et les papillons. C'était à croire à un rêve, et pourtant cela est réel et à trois journées de Paris.

En Algérie l'hiver n'existe pas; on pourrait même dire qu'il n'y a que deux saisons, un printemps de neuf mois et un été de trois. La verdure couvre la terre pendant presque toute l'année; cependant elle disparaît deux fois, dans les mois de mars, avril et mai, sous une couche de fleurs, et en juillet, août et septembre, sous une de poussière. A la fin de l'été les pluies de l'equinoxe ramènent la végétation, et la terre, quelques jours après, reprend sa verte parure.

La température moyenne de l'Algérie est de 18°, un tiers plus élevée qu'en France. La chaleur est plus égale et on n'y éprouve pas ces brusques changements qui ont lieu si souvent dans nos pays du Nord. La différence de l'été à l'hiver est moins sensible qu'en France; dans notre pays il n'est pas rare de voir le mercure s'abaisser dans le thermomètre à 10° au-dessous de zéro et monter l'été à 36° ou 38°, ce qui fait une différence de 50° environ. A Alger la plus basse température a été, cette année, de 8° au-dessus de zéro, la plus élevée atteint rarement l'été 40°;

différence 32°, au lieu de 50°. Encore cette chaleur excep
tionnelle n'a-t-elle lieu que sous l'influence du siroco ou
vent du desert, et qu'un instant dans la journée. Elle est
bien vite tempérée par la brise de mer qui vient, chaque
jour, rafraîchir l'atmosphère.

Quoique les pluies soient assez fréquentes en Algérie, on
n'y voit pas ces journées nébuleuses, on n'y éprouve pas
ces froids noirs qui attristent si souvent notre climat de
France. Durant le séjour que j'ai fait en Afrique pendant la saison des pluies, je n'ai pas vu une journée sans
soleil.

La température moyenne de l'Algérie et surtout l'absence
de gelée, excepté sur les hautes montagnes, permettent
d'y cultiver des végétaux intéressants qui ne réussissent
pas en France et n'y trouvent pas la chaleur suffisante
pour amener leur fruit à bonne maturité. Je citerai comme
exemple le cotonnier, le figuier de Barbarie, l'orange, le
bananier. Cependant, il ne fait pas assez chaud dans le
Tell pour amener à bien la canne à sucre, le café, le fruit
du dattier, etc. Ce n'est que sur le versant méridional de
l'Atlas que ces plantes tropicales trouveraient la chaleur
qui leur convient. Le jardin d'essai situé sur le bord de
la mer et dirigé avec beaucoup d'intelligence par M. Hardy
se chargera de résoudre le problème de l'acclimatation des
végétaux.

La douceur du climat d'Alger convient tellement aux
Européens, que, quand on en a goûté pendant quelques
années, on ne peut plus se plaire ailleurs. Quelques colons
que des intérêts particuliers avaient appelés en France
n'ont pu supporter notre climat, et sont retournés en Algérie aussitôt que leurs affaires ont été terminées. J'ai con-
sulté beaucoup de colons à cet égard et leur adressais ces
questions : *Vous plaisez-vous dans ce pays? Le climat*

vous convient-il? Voudriez-vous retourner en France?
Leur réponse était unanime : *Le climat était délicieux, la
vie facile, ils faisaient leurs affaires en travaillant, et,
quant à retourner en France, ils s'en garderaient bien,
attendu que quelques-uns de leurs voisins qui y étaient
retournés, après avoir vendu leur concession, n'avaient pu
supporter le climat de France et avaient été obligés de
revenir habiter l'Algérie.*

Je pourrais vous citer beaucoup de noms ; je me conten-
terai de deux pour appuyer mon opinion sur ce beau climat.

Le premier est mon vieil ami le général Pélissier, qui a
habité l'Algérie pendant dix-huit ans et qui se loue beaucoup de son climat. L'autre est le nommé Jalifer, ancien militaire et actuellement adjudant à l'atelier du Boulet n° 1, à
Alger. Cet homme, que le hasard m'a fait rencontrer en
voiture, m'a raconté qu'il s'était marié en Algérie avec une
Française, que M. le ministre de la Guerre lui avait donné
de l'avancement et l'avait rappelé en France où il habitait
la ville de St-Germain-en-Laye. Il y est resté treize mois,
et, ne pouvant supporter le climat de ce pays, il a prié
M. le ministre de lui retirer la faveur qu'il lui avait accordée et de le renvoyer en Algérie, même avec un grade
inférieur. Certes on ne peut faire un plus bel éloge du climat de ce beau pays.

VÉGÉTATION.

Ce qui m'a frappé tout d'abord en mettant le pied sur la
terre d'Afrique a été l'innombrable quantité de genres et
d'espèces de végétaux qui y croissent spontanément. J'y ai
trouvé non-seulement toutes nos plantes de France, mais
encore beaucoup d'autres espèces qui m'étaient inconnues.

Le nombre des luzernes, trèfles, sainfoins, lotiers, graminées, ombellifères, dépasse de beaucoup celui que nous con-
naissons en France. Toutes les plantes européennes qui
rappellent la patrie avaient un luxe de végétation et des dimensions inconnues aux pays du Nord; elles se trouvaient
entremêlées avec les végétaux naturels à la terre d'Afrique,
tels que les palmiers, les jujubiers, les figuiers de Barbarie,
les aloès, les lentisques, les oliviers, etc.

La flore algérienne est peut-être la plus riche du monde,
et cela se conçoit aisément : notre colonie, avec son beau
ciel, son sol si fertile, est située du 30° au 36° de latitude
septentrionale, à quelques degrés du tropique; elle est le
lien de transition entre la végétation du Nord et celle
des pays chauds. C'est là que finit la première et que commence la seconde; c'est cette heureuse situation qui la
rend si avantageuse à l'agriculture. C'est, on peut le dire,
le lieu de rendez-vous de tous les végétaux du globe;
tous peuvent y prospérer ; les plantes européennes seront
cultivées avec succès sur le littoral, sur les plateaux de
l'Atlas; celles des tropiques, sur le versant méridional de
cette chaîne de montagnes. Quant à celles du Nord, elles
trouveront leur place sur les hautes montagnes, où l'on
rencontre tous les climats réunis, depuis celui favorable à l'olivier et à l'oranger, jusqu'à la température de la
Norvége. C'est cette diversité de climats, de sites et de
natures de sol qui rend la végétation si variée, si riche,
si abondante en genres et en espèces.

Deux végétaux étaient jadis un fléau pour l'agriculture,
le palmier nain et l'asphodèle. L'industrie a su les utiliser :
le premier sert à la fabrication du crin végétal et du papier; l'autre, à celle de l'eau-de-vie. Désormais l'extraction
si dispendieuse de ces plantes deviendra profitable, et le
parti qu'on en a su tirer facilitera les défrichements.

Végétaux herbacés.

Céréales.—Parmi les nombreuses productions végétales que la main de l'homme est appelée à faire croître sur le sol algérien, les céréales occuperont le premier rang. La Numidie, qui, dans l'antiquité, était le grenier de Rome, deviendra sous peu celui de la France. Déjà de très-vastes étendues de terres sont couvertes de blés, et, malgré les imperfections d'une culture encore dans l'enfance, elles offrent l'espoir d'une riche et abondante moisson; le climat et la nature du sol conviennent admirablement à ce genre de produit; dans ce pays si fertile la nature fait les principaux frais; il faut seulement lui venir en aide.

En France ce n'est que par une dépense considérable d'intelligence, de capitaux, de labeurs et d'engrais qu'on fait venir à grand'peine la principale nourriture de l'homme. On est généralement obligé de donner aux terres une préparation de labour qui occupe infructueusement toute une année, et le blé reste en terre une autre année, ce qui grève la récolte du prix de deux années de fermage; encore cette récolte ne peut-elle revenir que tous les trois ou quatre ans sur le même terrain.

En Algérie, avec un seul ou deux labours au plus, on obtient une succession de récoltes de grains d'année en année, sans se donner la peine d'y mettre d'engrais, et telle est la fertilité du sol, qu'elles sont de plus en plus abondantes pendant une assez longue période de temps. J'ai vu chez M. Fruitier, un des meilleurs cultivateurs des environs d'Alger, un beau blé qui revenait pour la onzième fois, d'année en année, sur la même terre et sans engrais. Ainsi dans ce pays privilégié point de jachère morte et production de récoltes abondantes chaque année.

Parmi les céréales le blé est plus généralement cultivé; l'orge vient ensuite, puis l'avoine, qui n'est qu'une exception, cette graminée craignant trop la sécheresse et étant rarement employée pour la nourriture des chevaux, auxquels on donne ordinairement de l'orge.

Fourrages. — Après la culture des céréales, vient la *récolte* des fourrages. C'est avec intention que je dis récolte; car c'est la nature qui fait tous les frais de la production, et, à part quelques rares semis de luzerne, le cultivateur n'a que la peine de récolter.

Quand la moisson est faite et la terre abandonnée à elle-même, elle se couvre naturellement, à l'automne, d'un tapis de verdure en grande partie composé de sainfoin, de trèfle, de luzerne, de lotier et de graminées, formant un heureux mélange des meilleures plantes fourragères. Au mois de d'avril ou de mai suivant, la faux fait tomber cet excellent sainfoin, qui produit jusqu'à 6 ou 7,000 kilogrammes de fourrage sec par hectare. Pour obtenir un aussi beau résultat, le cultivateur n'a ni frais de labeur, ni frais de semence, ni frais de pâturage à faire. Il n'a non plus aucun loyer de terre à faire supporter à la récolte; et il peut vendre, cette année, son foin 10 fr. le quintal métrique, rendu dans un port du littoral. Dans les plaines, celle de la Métidja surtout, on récolte des foins; ces prairies naturelles permanentes sont généralement à base de graminées et donnent un fourrage moins substantiel que celui qui provient des terres en culture où les légumineuses dominent.

Tabac.—Après les céréales et les fourrages, les cultures industrielles sont celles qui prédominent en Algérie. En première ligne vient le tabac. Presque inconnue il y a trois ou quatre ans, la culture de cette plante a pris maintenant une grande extension. Grâce à la protection que le gouvernement lui a accordée en s'en rendant directement acquéreur, les colons savent que le tabac, c'est de l'argent qu'ils recevront aussitôt la récolte faite. Ils n'ont qu'à conduire cette denrée à l'entrepôt, elle leur sera payée un bon prix, sans délai, sans retenue, et sans qu'une partie de la valeur reste entre les mains d'un entremetteur.

La culture du tabac est jardinière; elle a besoin de sarclage et convient particulièrement aux petits colons qui, avec les bras de leur famille, donnent les façons indispensables à son succès; aussi leur est-elle acquise et est-elle généralement adoptée par eux. Beaucoup de grands propriétaires s'en occupent aussi; mais, ne pouvant la faire par leurs bras, ils sont obligés d'avoir recours à une main-d'œuvre dispendieuse, et ils se trouvent ainsi dans des conditions moins favorables que le petit cultivateur. La main-d'œuvre étant rare et chère en Algérie, quelques cultivateurs placés près d'un centre de population font cultiver le tabac à moitié produit; ils donnent les labours préparatoires, fournissent les engrais, le plant, divisent leurs champs par parcelles et confient la plantation, les binages, la récolte, à des prolétaires, avec lesquels ils partagent le profit. Au moyen de cette association, quelques cultivateurs font jusqu'à 50 hectares de tabac. On calcule généralement qu'un hectare de cette culture donne 8 à 1,200 francs de produit et que les frais se montent à 55 pour cent.

Coton. — Après le tabac, le coton est la plante industrielle la plus répandue; on l'a cultivée dans beaucoup d'endroits. Ces essais n'ont pas été aussi heureux que ceux du tabac, et beaucoup de cultivateurs de la province

d'Alger y ont renoncé. Le coton est très-exigeant pour la
qualité des terres, la profondeur des labours, les binages
et les sarclages; il lui faut une somme de chaleur considérable pour amener ses siliques à maturité; les irrigations lui sont presque indispensables; toutes ces causes
réunies en rendent la culture difficile et dispendieuse. Les
petits colons ne peuvent donner les labours profonds exigés par cette plante, les grands propriétaires ne peuvent
disposer d'une quantité de main-d'œuvre assez considérable pour en faire la récolte en temps convenable. Il faudrait peut-être une association dans le genre de celle
formée pour la culture du tabac.

La province d'Oran a été plus heureuse que celle d'Alger
pour la culture du coton. Quelques grands propriétaires
remplis d'intelligence et de zèle s'en occupent d'une manière avantageuse, et lui ont imprimé un élan qui l'a popu-
larisée parmi les cultivateurs de l'ouest de l'Algérie. Je
pourrais vous citer M. de Saint-Maur, à Arbal; M. Sohn, au
Tlélat; MM. de Thury et Capmas, à Saint-Denis-du-Sig;
M. Graillat, vallée des Jardins, auprès de Mostaganem.
Ainsi, d'après ce que j'ai vu et appris, il paraîtrait qu'Alger
aurait la spécialité du tabac et Oran celle du coton. En me
rendant de Saint-Denis-du-Sig à Mostaganem, j'ai traversé
une immense plaine arrosée par l'Habra, belle rivière dont
le volume d'eau m'a paru cinq ou six fois plus considérable
que celui du Sig. Les terres m'en ont semblé très-favorables
à la culture du coton, qui pourrait occuper 20,000 hectares environ susceptibles d'être irrigués par l'Habra au
moyen d'un barrage établi sur ce beau cours d'eau, à l'instar de celui du Sig. Déjà quelques cultivateurs ont essayé
cette opération; mais ces travaux d'art ont été exécutés
d'une manière imparfaite.

Garance et lin. — D'autres cultures industrielles ont aussi été essayées. M. de Saint-Maur, que l'on trouve toujours à la tête du progrès agricole, fait cette année 12 hectares de garance et 1 hectare de lin ; ces deux genres de culture, dans une terre neuve, fertile et bien labourée, ont une grande chance de réussite et pourront, avec la tabac et le coton, enrichir la colonie.

Pomme de terre. — Les pommes de terre, betteraves, choux, féves, etc., sont cultivés dans les champs pour la nourriture de l'homme et des animaux.

Maïs. — Le maïs vient aussi parfaitement et donne de beaux produits. Le climat lui est si favorable que M. Fruitier en a obtenu deux récoltes dans la même année et sur le même terrain ; il peut servir, ainsi que les autres cultures sarclées, de préparation pour la culture du froment.

Patate. — La patate douce (*convolvulus batatas*) a été essayée et donne des produits considérables en feuilles et en tubercules, pouvant servir à la nourriture de l'homme et des animaux. Il est à désirer que sa culture soit généralement adoptée. Cette plante si nutritive sera aussi précieuse pour l'Algérie que la pomme de terre l'était autrefois pour l'Europe avant l'invasion de la maladie qui en a tant diminué les produits.

Bananier. — Le bananier est aussi cultivé chez quelques propriétaires ou jardiniers des environs d'Alger ; la culture de cette plante tropicale exige beaucoup de soins et de dépenses ; mais on en retire un profit considérable. Un hectare de terre peut donner un produit brut de 2,000 fr. par année.

Artichauts et pois verts. — Deux légumes dont les produits apparaissent dans le courant de l'hiver forment l'objet d'une exportation assez considérable en France : l'un est l'artichaut et l'autre les pois verts. Ces légumes arrivent maintenant sur le marché de Paris et viennent faire une redoutable concurrence aux cultures forcées des maraîchers de la capitale ; leur vente prend chaque année plus de développement ; celle des asperges viendra l'y joindre.

Quelques propriétaires ont commencé la culture des plantes odoriférantes, telles que les géranium, dont on extrait l'essence de rose ; le jasmin, la verveine, la citronnelle, le rosier, la fleur d'oranger, etc.

Végétaux ligneux.

De tous les végétaux ligneux cultivés en Algérie, le mûrier est le plus répandu ; partout on le trouve planté en avenue, en bordure, en quinconce. Je n'ai pas vu une seule propriété, si petite qu'elle fût, qui n'en contînt quelques pieds. Parfois il forme des plantations très-considérables. Sur la propriété du Tlélat, province d'Oran, il existe 22,000 mûriers à haute tige. La commune de Boufarik, dans la plaine de la Métidja, n'en contient pas moins de 50,000. Je cite ces deux exemples qui donneront une idée de l'énorme quantité existant actuellement sur le sol de notre colonie. Ces arbres, plantés sur des terres de qualités très-différentes, viennent, en général, admirablement bien ; ils poussent avec une rapidité deux fois plus considérable qu'en Provence et donnent des bourgeons qui, en une année, atteignent jusqu'à cinq mètres de longueur. En général, bien taillés et bien cultivés, ils trouvent en Afrique une terre profonde et très-fertile, une chaleur longtemps prolongée; ils sont donc dans les meilleures conditions pour une bonne végétation.

Vigne. — Après le mûrier, la vigne est l'arbre dont on a fait le plus de plantations; elle pousse en Algérie avec une rapidité et une vigueur surprenantes; à trois ans, elle donne des sarments ayant plus de 6 mètres de longueur. J'ai mesuré chez M. de Saint-Maur, à Arbal, un pied de vigne ayant cinq ans de plantation qui avait trente-huit centimètres de circonférence au niveau du sol.

Les vignes sont généralement bien cultivées en Algérie; elles sont plantées en quinconce, à 1 mètre 50 centimètres de distance, ce qui permet l'emploi économique de la charrue en long et en travers et évite beaucoup de frais de main-d'œuvre. Il y a peu de temps que cette culture a été adoptée en grand; cependant on commence à faire du vin. J'en ai goûté et n'en ai pas été très-satisfait; il n'a pas répondu à mon attente, Je croyais boire des vins généreux et alcooliques dans le genre de ceux d'Espagne ou du Roussillon, et j'ai trouvé des vins légers et peu savoureux; peut-être le raisin n'était-il pas arrivé à parfaite maturité au moment de la vendange; la vigne était-elle trop jeune, la saison trop pluvieuse, ou le vin mal fait ou trop nouveau. Cependant à Oran j'en ai goûté qui était de très-bonne qualité et avait de l'analogie avec celui du Médoc. Ce sont, en général, des vins froids ayant peu de saveur aromatique.

Je n'ai pas l'intention d'émettre une opinion défavorable à l'avenir de la viticulture algérienne; probablement cette

industrie s'améliorera et l'on trouvera des crus et des cé-
pages qui fourniront de bons vins; mais enfin je ne puis
juger que ce que je connais.

Figuier. — Le figuier vient ensuite dans l'ordre de
l'étendue de la culture; il atteint en Algérie la grandeur
de nos noyers de France et donne des produits très-abon-
dants, qui servent à la nourriture des Arabes et à la fabrication de l'alcool.

Oranger et citronnier. — L'oranger et le citronnier
occupent une assez bonne place dans les plantations algériennes. Dans toutes les grandes propriétés on forme des
orangeries. Les oranges d'Afrique sont excellentes et bien
supérieures à celles d'Espagne et de Provence. Ces fruits,
presque sans valeur vénale il y a trois ou quatre ans (cent
oranges ne coûtaient pas 20 centimes), ont plus que dé-
cuplé de prix depuis que le commerce en a fait un objet
d'importation en Europe. Les oranges et les citrons valent
maintenant 3 fr. le cent. La facilité et la promptitude des
transports rendront cette spéculation de plus en plus profitable et procureront en Algérie un débouché avantageux
pour cet excellent fruit, qui y croit en si grande abondance.

Olivier. — L'olivier vient merveilleusement en Algérie;
il y atteint des dimensions colossales et s'élève aussi haut
que nos grands arbres forestiers. Il existe peu de plantations de cet arbre dans les provinces d'Alger et d'Oran, que
j'ai visitées; les colons l'ont très-peu multiplié et se sont
contentés de greffer les oliviers sauvages croissant spontanément sur le bord des chemins. J'ai appris que dans la
province de Constantine, dans la Kabylie surtout, il en
existe de vastes plantations parfaitement bien soignées et

donnant beaucoup de profit. Je me suis trouvé en relation avec deux jeunes industriels qui allaient y fonder une usine pour l'extraction de l'huile.

Amandier. — Les amandiers formeront dans quelques années une branche de commerce d'exportation. J'ai vu quelques propriétaires qui ont beaucoup multiplié l'amandier et en ont fait des plantations considérables.

Figuier de Barbarie. — Le figuier de Barbarie (cactus opuntia) donne une très-grande quantité de fruits comestibles généralement consommés par les indigènes. Cette plante vigoureuse, qui n'exige aucune espèce de culture, sert assez souvent de clôture; on en fait aussi des plantations en vue de la récolte de ses fruits. Une pièce d'un hectare et demi que j'en ai vu garnie, dans la province d'Oran, était louée aux Arabes pour le prix de 600 fr. par année.

Le nopal, variété sans épines, est cultivé pour la production de la cochenille; j'en ai rencontré au jardin d'essai et chez quelques-uns des cultivateurs les plus intelligents et les plus amis du progrès.

Fruits à noyaux et à pépins. — Les fruits à noyaux, cerisiers, pruniers et abricotiers surtout, viennent bien en Algérie et principalement dans les parties montagneuses; les fruits à pépins peuvent aussi prospérer en Afrique. Une des meilleures pommes que j'aie mangées de ma vie a été une rainette de Canada de belle grosseur, très-sucrée et parfumée, qui était venue à Boufarik au milieu de la Métidja. Si l'on peut récolter d'aussi bons fruits dans les plaines, que serait-ce sur les montagnes, où la température se rapproche davantage de celle de l'Europe?

Bois forestiers.

Les bois de charpente et de chauffage manquent généralement en Algérie ; les forêts y sont rares et dépourvues
de chemins ; le mauvais état de la viabilité ne permet pas
d'utiliser les ressources forestières que contient notre
colonie.

Les bois employés en construction viennent du Nord ou
de Dalmatie et y sont très-chers. Le sol algérien se refu-
serait-il à la production des bois ? Non, assurément ; peu
de pays lui sont aussi favorables. Le sol et le climat conviennent si bien à l'arboriculture, que j'ai vu à Arbal un
peuplier blanc (*populus nivea*) qui, après 28 ans de plantation, avait atteint 3 mètres 12 centimètres de circonférence à un mètre au-dessus du sol. Il existe chez M. Capmas, à St-Denis-du-Sig, des peupliers d'Italie ayant
45 centimètres de circonférence et 12 mètres de hauteur
après quatre ans de plantation. J'ai vu à Boufarik, chez
M. Borély, des platanes ayant la même grosseur après cinq
à six ans de plantation.

J'ai remarqué qu'en Algérie la végétation ligneuse était
deux fois plus rapide qu'en Europe..Ce fait s'explique par
la fertilité du sol et la longueur de la belle saison ; le
manque de bois ne provient donc pas du sol ou du climat ;
il est occasionné par le système pastoral que les Arabes
ont généralement adopté et par suite de l'apathie des
Turcs habitués à tout détruire et à ne rien édifier.

Le gouvernement, dans sa sollicitude pour notre conquête, a commencé des plantations forestières. De grands
propriétaires l'ont imité ou précédé. Les plus nombreuses
que j'aie vues étaient celles de M. Adam, au Tlélat, de
M. Capmas, à Saint-Denis-du-Sig et de M. Borély, maire de

Boufarik. Par les soins de ce magistrat, cette commune est la mieux pourvue de plantations de toutes celles que j'ai visitées ; elle forme, au milieu de la plantation de la Métidja, une charmante oasis, dont la vue rappelle les villages français. Ainsi, en Algérie, où la terre végétale se trouve partout, où les montagnes les plus élevées sont couvertes d'une couche épaisse de terre fertile, les plantations peuvent se faire en tous lieux.

Les plaines produiront les chênes, les frênes, les ormes, les platanes, les hêtres, les peupliers ; les montagnes fourniront les pins et sapins, les liéges, les oliviers, les caroubiers, les châtaigniers, les noyers, et, dans vingt ans, les colons trouveront sur le sol algérien tous les bois nécessaires au chauffage, au charronnage et à la construction. En multipliant les belles espèces de pins, la marine française pourra, dans l'avenir, trouver un aliment aux constructions navales.

Ce qui est urgent, c'est la plantation des arbres à croissance rapide et pouvant servir aux constructions. Le genre peuplier, qui rend de si grands services en France et en Europe, est un de ceux dont la multiplication serait le plus désirable. J'en ai vu d'heureux essais en Afrique ; mais une seule espèce, le peuplier d'Italie (*populus fastigiata*), est cultivée en Algérie, et c'est malheureusement la plus mauvaise sous le rapport du bois. Il serait à désirer qu'on essayât le peuplier de Virginie, celui de la Caroline, celui d'Athènes, et surtout les peupliers blancs, tels que le grisard, le blanc de Hollande, le peuplier cotonneux, qui croissent avec une grande rapidité et dont le bois se rapproche de celui du chêne pour la dureté et la fermeté. Ces arbres, très-multipliés dans le canton de Château-Renard, que j'habite, y sont employés dans les constructions rurales; ils rendraient le même service en Algérie. Si M. le Maréchal désirait les multiplier, il trouverait des plants en abondance dans nos environs. Mon intention est d'en envoyer à quelques amateurs de plantations dont j'ai fait la connaissance.

Les arbres résineux, qui poussent si rapidement, rendraient aussi, à mon avis, de grands services à notre colonie; je n'y ai vu qu'un seul pin, celui d'Alep, vilaine espèce, peu propre à la charpente. J'engagerais M. le Maréchal à essayer le pin laricio, celui de Calabre et de Caramanie, le pin silvestre, ainsi que celui de Bordeaux et des Pyrénées; et, parmi les sapins, ceux qui prospèrent dans une température approchant celle de l'Algérie, tels que les diverses espèces qui croissent en Espagne, en Italie, en Grèce. Les mélèzes et le cèdre, le *cedrus deodora* surtout, que l'excellence de son bois presque incorruptible rend précieux pour les constructions solides, pourraient être essayés dans les montagnes de l'Atlas.

Ce serait donc une école forestière qui pourrait être faite par les soins du gouvernement ou confiée à un propriétaire intelligent et soigneux. Dans dix ans l'expérience démontrerait quels sont les genres ou espèces qui s'accommoderaient le mieux au sol et au climat de l'Algérie et dont on devrait encourager la multiplication. M. Vilmorin, qui, toute sa vie, s'est occupé d'arboriculture, pourrait donner d'excellents renseignements à ce sujet.

La production du bois, surtout du bois d'œuvre, est tellement importante pour une grande nation, c'est un tel élément de prospérité, qu'une allocation pour étude d'arbres et école forestière serait de l'argent parfaitement employé.

CONSTRUCTIONS RURALES.

Le bois manquant en Algérie, la main-d'œuvre y étant
très-chère, il en résulte que les constructions rurales y
sont très-dispendieuses, et par conséquent font défaut ou
sont insuffisantes. C'est une des causes qui s'opposent le
plus à la rapide extension des cultures, surtout de celles
industrielles, telles que le tabac, le coton, la garance et la
production de la soie, qui exigent de nombreux séchoirs ou
abris. La pierre est de bonne qualité et est commune ; mais
il faut souvent l'aller chercher au loin ; la brique est chère,
vu la rareté du bois et de la main-d'œuvre. Ces causes,
tant qu'elles existeront, rendront les constructions fort
coûteuses.

Il y aurait deux modes de construction qu'on pourrait
employer : l'un, le pisé ou terre battue entre deux planches, genre de construction employé de temps immémo-
rial dans le midi de la France ; l'autre consistant en brique
crue, que j'ai vu employer par les indigènes. Les couvertures de bâtiment en tuile creuse, qui ont été généralement
adoptées, ont l'inconvénient d'être très-lourdes et d'exiger
une charpente très-solide et très-dispendieuse. Ce serait
le cas de mettre en pratique un genre de couverture en
papier-carton goudronné, qui est très-léger, très-écono-
mique, et que j'ai adopté depuis plus de vingt ans dans mes
constructions rurales. Il pourrait servir à couvrir les bâtiments en pisé ou en brique crue ; il convient parfaitement
pour les hangars, abri suffisant en Algérie pour les animaux ou les récoltes. Cette couverture, qui ne revient qu'au
quart du prix de celles en tuiles ou en ardoises, a reçu la
sanction d'une expérience de vingt années ; elle a sur celles
généralement adoptées l'avantage d'être imperméable à

l'humidité, au vent et à la neige. Cette méthode de couvrir les bâtiments ruraux se répand dans mes environs. Un de mes voisins a fait exécuter, il y a quelques années, une immense construction de cette espèce, ayant cinquante mètres de longueur sur seize mètres de largeur et huit mètres de hauteur, formant un cube de 6,400 mètres et pouvant abriter 64,000 gerbes de blé ou 128,000 bottes de foin. Cette construction, presque aussi grande qu'une gare de chemin de fer, lui est revenue à la somme de 5,000 fr. Il résulte de ce bas prix qu'en calculant l'intérêt à 10 pour 0/0, on peut abriter 100 bottes de foin pendant une année entière pour la modique somme de 40 centimes. J'ai pensé que ces hangars, si peu dispendieux, pourraient être fort utiles à l'administration de la guerre pour abriter économiquement les fourrages que j'ai vus emmeulés dans les magasins de Mustapha.

Si M. le Maréchal désire de plus amples renseignements à ce sujet, je m'empresserai de les lui procurer et je l'inviterai à envoyer une personne à laquelle je ferai voir mes constructions et qui pourra apprécier leur utilité.

Plusieurs propriétaires d'Algérie auxquels j'en ai parlé vont en faire l'essai. M. Trottier, maire de Rassant, doit en faire 1,000 mètres superficiels. M. Borély-la-Sapie, maire de Boufarik, et M. Adam, propriétaire au Tlélat, sont aussi dans l'intention d'en faire l'application dans leurs propriétés; je leur ai envoyé les renseignements et indications nécessaires pour leur faciliter cette construction. Ces exemples, j'espère, porteront leur fruit; mais je crois que pour faciliter la propagation de ce genre de construction, appelé à rendre de grands services en Algérie, il faudrait qu'un spécimen en fût établi dans le chef-lieu de chaque province, pour servir de guide et de modèle aux propriétaires qui seraient tentés de l'adopter.

En propageant ces abris économiques, on procurera aux colons les moyens d'étendre les cultures industrielles, qui sont celles donnant le plus de profit aux cultivateurs et devant hâter la prospérité de la colonie.

INSTRUMENTS DE TRAVAIL.

Parmi les instruments de travail, la charrue tient le premier rang; il doit en être ainsi dans un pays essentiellement agricole et appelé pendant longtemps encore à extraire du sol la nourriture de l'homme et les matières premières destinées à l'industrie. La charrue généralement adoptée est celle recommandée par l'illustre agronome Mathieu de Dombasle; c'est un excellent instrument, faisant un très-bon travail, quand on sait bien s'en servir; on l'emploie avec ou sans avant-train. On s'en sert le plus ordinairement sous forme d'araire; c'est un tort, à mon avis, car l'avant-train facilite singulièrement la marche de l'instrument et la régularité des labours. Dans un pays où tout est neuf, où les laboureurs manquent d'habileté et d'expérience, on doit choisir les instruments les plus faciles à conduire.

La charrue mahonnaise a été introduite par les Espagnols. Cette petite araire est assez bien construite, mais trop faible pour exécuter de bons labours dans les terres fortes; elle ne peut convenir que pour des cultures superficielles dans les pays sablonneux. J'ai vu aussi quelques charrues arabes, instruments primitifs qui ne font qu'écroûter imparfaitement la terre.

Après la charrue, vient la herse; cet instrument est généralement bien construit et atteint bien son but, qui est d'ameublir la surface du labour et de recouvrir la semence.

Les deux instruments que je viens de citer sont les seuls

employés par les petits colons. On en trouve un plus grand
nombre chez les grands cultivateurs : la charrue à défon-
cer, qui, attelée d'un nombre considérable de bêtes de trait,
s'enfonce dans le sol arable, arrache ou coupe les racines
des plantes sauvages, et, d'un seul coup, opère des défrichements de 50 à 60 centimètres de profondeur. J'en ai vu
d'autres, appelées fouilleuses, qui suivent la raie ouverte
par la charrue Dombasle, et défoncent la terre sans la ramener à la surface. Ces deux instruments ont pour but de
remuer profondément le sol, d'augmenter l'épaisseur de la
couche arable et les chances de réussite des récoltes. En
effet, dans un pays où les sécheresses sont longues, il faut
que les racines des végétaux puissent s'enfoncer profondément pour trouver dans l'intérieur de la terre une humidité qui ne peut longtemps exister à la surface. C'est principalement pour les cultures industrielles que ces excellents
labours sont exécutés; il serait à désirer qu'ils fussent
généralement adoptés. Mais, je dois le dire, ils sont rares, et
ce n'est qu'exceptionnellement chez quelques cultivateurs
soigneux, intelligents et riches, que j'ai pu les remarquer.
J'ai vu aussi dans les grandes propriétés, à Arbal, par exemple, quelques autres instruments perfectionnés, tels que :
extirpateurs, rayonneurs, scarificateurs et houes à cheval,
destinés à économiser la main-d'œuvre et à faciliter les
cultures sarclées. Ces instruments sont généralement bien
construits; cependant les houes à cheval articulées que j'ai
vues n'atteignent qu'imparfaitement leur but. J'en ai fait
construire une bien préférable, qui me sert depuis plus de
vingt-cinq ans. Je l'emploie dans un sol rocailleux et de
culture difficile. J'en ai parlé à quelques cultivateurs d'Algérie et leur en ai laissé des dessins, pour qu'ils puissent
en faire exécuter de pareilles. J'ai même présidé à la construction d'un de ces instruments pour un cultivateur des

environs d'Alger. Je suis persuadé qu'il s'en trouvera bien
et qu'il le répandra dans un pays où la main-d'œuvre fait
défaut et où il faut adopter tout ce qui peut la remplacer.

Je n'ai pas vu de machine à battre le grain ; on emploie
pour cette opération la méthode du dépiquage, avec ou sans
rouleau. Les véhicules le plus généralement adoptés en
agriculture sont les chariots à quatre roues ; cependant j'ai
vu quelquefois faire usage de charrettes. Les indigènes
n'ont pas d'autre moyen de transport que les bêtes de
somme.

Il existe en Algérie quelques moulins a blé mus par
l'eau, la vapeur ou le vent. Ces usines réussissent très-bien
et donnent beaucoup de-profit à leurs propriétaires, et suf-
firont bientôt aux besoins de la mouture de tout le blé
produit par la colonie.

On monte maintenant des moulins à huile dans la
Kabylie. J'ai visité, à Saint-Denis-du-Sig, une usine destinée à égrener le coton, à laquelle on doit joindre un
moulin à huile ; elle a été construite par les soins de
M. de Thury.

ANIMAUX.

Le règne animal a beaucoup de représentants en Algérie ;
il participe du climat si favorable à la production végétale.
Aussi la faune algérienne est-elle très-nombreuse. Je ne
m'occuperai que des animaux utiles ou nuisibles à l'agriculture.

Animaux utiles.

Bœuf. — Celui qui tient le premier rang est le bœuf.
L'espèce indigène est petite, mais très-bien proportionnée,

très-rustique, vigoureuse, sobre, supportant parfaitement la fatigue et n'exigeant aucun abri. La terre lui sert de litière et le ciel de couverture. Cette espèce a la robe fauve, convient aux travaux agricoles pour tirer la charrue, traîner les chariots et même servir de bêtes de somme et de monture. A la fin de son existence, elle sert pour la boucherie. Il n'y a rien à changer à cette excellente race ; je craindrais même que les croisements ne la modifiassent d'une manière fâcheuse. Sa sobriété est telle que j'ai vu des attelages nourris avec de la paille, sans addition de grain ou de foin, et qui étaient en très-bon état, quoique travaillant matin et soir tous les jours de la semaine. Aucune de nos races françaises ne pourrait résister à un tel travail avec si peu d'aliments. En la nourrissant mieux, cette race gagnera en force et en taille, et rendra plus de services que nulle autre race française ne pourrait faire.

Vache. — Les avis sont partagés sur les qualités des vaches laitières ; plusieurs cultivateurs m'ont dit qu'elles refusaient leur lait ; d'autres m'ont assuré qu'elles se laissaient facilement traire et étaient bonnes laitières. Cette anomalie peut s'expliquer par suite de l'éducation et du traitement bon ou mauvais que reçoit l'animal. Élevée à l'état sauvage et traitée durement, la vache refuse son lait ; mais étant bien nourrie et soignée avec douceur, elle s'habitue à l'homme et le lui donne comme font nos races françaises.

Chaque colon devrait avoir au moins une vache ; la famille en serait mieux nourrie ; le beurre, le fromage et les veaux qu'on vendrait procureraient de l'argent. Rien ne serait plus facile dans un pays où l'herbe croît abondamment pendant les trois quarts de l'année, et où la luzerne donne jusqu'à neuf coupes dans les terres irrigables. Mais j'ai vu très-rarement les colons en posséder; l'exiguïté de leur logement y met obstacle, et puis ce n'est pas l'usage. Il arrive de là que dans un village on a de la peine à se procurer une tasse de lait. Sur l'observation que j'en ai faite aux colons, ils m'ont répondu que le peu d'étendue de leurs concessions, le défaut d'étables et même de hangars, le peu de temps qu'ils auraient à consacrer aux soins exigés par ces animaux, les empêchaient d'avoir des vaches. Ils préfèrent se livrer aux cultures des céréales et industrielles, qui leur fournissent de l'argent plus promptement.

Quelques primes accordées aux éleveurs pourraient stimuler la multiplication de la race bovine, qui n'est pas assez nombreuse pour les besoins de l'agriculture et de la boucherie.

Les grands propriétaires comprennent mieux que les petits colons les avantages que peut procurer l'élève du bétail. J'ai vu de nombreux troupeaux de bêtes à cornes à Arbal, chez M. de Saint-Maur; à Saint-Denis-du-Sig, chez M. Capmas; à la Rassauta, chez M. Trottier; à Boufarik, chez M. Borely, etc. Dans ces fermes, la quantité de bêtes de gros bétail, par rapport à celle des terres, dépasse ce que nous avons de mieux en France.

Je ne parlerai pas du chameau, qui est du domaine de l'agriculture pastorale des Arabes, et dont l'utilité diminuera à mesure que la viabilité s'améliorera. Cet animal, qui rend d'immenses services au désert, là où il n'y a pas de routes, ne peut soutenir la concurrence des transports faits avec les chariots sur de bons chemins.

Cheval. — Les chevaux arabes ont une réputation justement méritée; ils sont pourvus de toutes les qualités qui constituent une excellente race pour la selle, et j'ai été à même de les apprécier dans les voyages que j'ai faits dans l'intérieur des terres, là où il n'existe aucun service de diligences. Je n'ai jamais monté d'animal si doux, si obéissant, si intelligent, et dont l'allure soit aussi agréable. A ces qualités essentielles joignez la sûreté du pied, la sobriété, la faculté de supporter la fatigue et les longs jeûnes, la beauté des formes et de la robe, et vous aurez un animal parfait; c'est le véritable portrait du cheval arabe.

Le cheval arabe n'est pas de forte taille; mais, sous un petit volume, il est fort et vigoureux. Je l'ai vu employer comme bête de trait pour les diligences et les omnibus; il remplit bien ce service; mais, je le répète, il est plutôt conformé pour la selle que pour la voiture.

Les Arabes s'occupent de l'élève du cheval; le haut prix que cet animal a atteint en Algérie, par suite de la guerre et de la remonte de notre cavalerie, rend cette spéculation très-avantageuse. J'ai vu aussi quelques grands propriétaires qui élèvent des chevaux.

Ane. — L'âne est un animal précieux en Algérie comme dans tous les pays de montagnes; à Alger surtout, où la moitié des rues est en escalier. Les transports des denrées et des matériaux de construction ne peuvent se faire qu'à dos d'âne; aussi est-ce cet animal qui est chargé de les opérer. Ce sont ordinairement de jeunes Arabes qui les mènent; chaque conducteur a trois ou quatre bêtes qui n'ont pas de brides et qui obéissent au geste et à la voix. Ces pauvres animaux, si intelligents, si sobres, si obéissants, sont bien mal récompensés des nombreux services qu'ils rendent. Ils sont surchargés, battus, mal nourris et couverts de plaies. Les Arabes les traitent avec brutalité, barbarie et cruauté. La race des ânes algériens est petite, mais bien faite et vigoureuse. J'ai été étonné des lourds fardeaux que peuvent porter ces animaux en montant ou descendant les rues-escaliers d'Alger. Une bonne nourriture et de bons soins amélioreraient beaucoup cette excellente race.

Mulet. — Les mulets sont assez nombreux dans la province d'Alger. Ce sont eux qui font en grande partie le service du roulage des marchandises. Ce robuste et sobre animal résiste beaucoup mieux que le cheval de France aux fatigues et aux influences climatériques de l'Algérie.

Mouton. — Les bêtes à laine d'Algérie sont, en général, d'une forte taille, très-rustiques et bonnes pour la boucherie. Leur laine est longue, mais très-grossière et peu frisée; elle tient le milieu entre la laine et le poil. Le croisement des brebis avec des béliers mérinos produit un excellent résultat. J'en ai vu de ces métis chez plusieurs cultivateurs, entre autres chez M. de Saint-Maur, à Arbal. On double ainsi la quantité et la qualité de la toison. Il serait à désirer que cette amélioration fût plus généralement adoptée, et qu'elle fût introduite chez les Arabes, qui sont les plus nombreux possesseurs de bêtes à laine.

Chèvre. — Les chèvres sont assez nombreuses en Algérie, surtout aux environs des villes ; on les y mène chaque matin pour en vendre le lait, qu'on trait devant l'acheteur.

Porc. — Les Européens élèvent beaucoup de porcs. La race le plus généralement répandue vient d'Espagne; elle est petite, noire, à oreille droite et de forme allongée, très-rustique, et trouve elle-même sa nourriture dans les terres en friche, où les plantes bulbeuses et tuberculeuses sont très-abondantes. J'en ai rencontré des troupeaux de deux à trois cents bêtes errantes sans gardiens. Le soir, on les

fait rentrer dans les cours ou enclos placés auprès des habitations. C'est une très-bonne spéculation, qui exige peu
de dépenses. J'ai vu à Arbal et à Staouëli des croisements
avec les races anglaises et chinoises; les produits en sont
notablement améliorés.

Vers à soie. — Plusieurs insectes sont élevés avec succès
en Algérie, et deviendront un jour une des plus riches
branches d'exportation.

En première ligne, je placerai le ver à soie (*bombyx
mori*). L'éducation de cet insecte n'a pas suivi le développement de la plantation des mûriers. La plus forte production annuelle de cocons n'a pas dépassé 15,000 kilog. En
recherchant les causes d'un état de choses si peu en rapport avec l'étendue des plantations de mûriers, j'ai cru
devoir l'attribuer aux considérations suivantes : 1° à l'inex-
périence des éducateurs, qui, généralement, ne connaissent pas la manière d'élever les vers à soie; 2° au défaut
de bâtiments destinés à cet usage; 3° à la mauvaise disposition des claies et étagères, qui ne permet pas l'emploi
des filets de délitement, et qui est si vicieuse qu'elle nuit
à la commodité du service; 4° à la rareté de la main-
d'œuvre, qui, au moment de l'éducation, est employée aux
cultures industrielles. De bons conseils, de bons modèles,
quelques petits ouvrages imprimés et distribués pourraient
venir en aide à cette industrie, dont les éléments ont si
bien pris racine en Algérie, et qui est appelée à y acquérir
un développement considérable, la température, le sol, le
climat de notre colonie convenant parfaitement à la production d'une soie de première qualité.

Ce qu'il faudrait principalement serait de propager les
bons modèles. Sans filet et sans une bonne disposition de
claies et étagères, le service est difficile et dispendieux,

l'éducation devient impossible. Le moment est on ne peut
plus favorable pour faire connaître les méthodes économiques, les filets à mailles carrées, qui rendent le service si
facile et qui économisent la main-d'œuvre. Peu de magnaneries existent actuellement ; dans deux ou trois ans, il
s'en établira beaucoup ; et comme il n'en coûte pas plus de
les bien construire que les mal disposer, c'est le moment
de faire connaître ce qu'il y a de mieux et de plus com-
mode. Partout où j'ai trouvé des cultivateurs intelligents
et s'occupant de l'éducation des vers à soie, je leur ai
laissé des dessins pour la disposition des claies et étagères ;
je leur ai montré la manière de faire les filets à mailles
carrées et celle de s'en servir le plus facilement. J'ai fait
ce que mon trop court séjour en Algérie me permettait
dans l'intérêt d'une industrie que je pratique depuis plus
de vingt années, et pour laquelle j'ai une prédilection toute
particulière. Ces conseils, ces dessins profiteront, je l'espère ; mais je pense qu'en mettant sous les yeux des colons
un spécimen d'étagères, de claies, de filets, d'encabanage
et autre matériel tout disposé et prêt à être employé, on
faciliterait la production de la soie, et on éviterait aux
éducateurs inexpérimentés les tâtonnements inséparables
aux commençants. En voyant et en touchant les choses,
ils les comprendront beaucoup mieux que par la meilleure
explication possible. Si vous le désirez, Monsieur le Maréchal, je me chargerai de faire confectionner deux ou trois
spécimens qui pourraient être placés dans les villes d'Alger,
d'Oran et de Constantine.

Abeilles. — Sous un climat aussi doux, avec une flore
si nombreuse et si variée, les abeilles devraient prospérer
en Algérie. Je n'ai pourtant pas entendu dire que la production du miel et de la cire y ait pris beaucoup de déve-

loppement, et je crois qu'on ne s'est pas encore beaucoup occupé de ce genre de spéculations. La seule chose que j'ai pu constater, c'est que les ruches arabes ont une forme toute différente des nôtres; elles sont faites en planches, et ont la forme d'une boîte un peu allongée, plus basse que large et que longue.

Cochenille. — La cochenille, cet insecte produisant la magnifique teinture qui donne tant d'éclat aux étoffes de soie, a été essayée en Algérie et y a bien réussi. Je n'en ai vu qu'au Jardin d'essai; mais comme plusieurs nopaleries ont été plantées, il y a lieu d'espérer que cette industrie s'y répandra et y prospérera.

Animaux nuisibles.

Les animaux nuisibles sont peu nombreux; cependant il y en a quelques-uns, principalement dans la classe des carnassiers.

Lion. — En première ligne, je placerai le lion. Ce superbe animal vit principalement aux dépens des troupeaux arabes; il se montre rarement dans les lieux habités par les Européens; le nombre en devient chaque jour moins considérable, car on leur fait une guerre d'extermination. Quatre de ces animaux ont été tués pendant mon séjour en Algérie, et un très-près de moi, pendant la nuit que j'ai passée au caravansérail de la redoute Perregaux. Quoique doué d'une force extraordinaire et de beaucoup d'agilité, il n'attaque pas l'homme, s'il n'a été provoqué ou blessé.

Panthère. — La panthère, autre quadrupède du genre *felis*, n'a pas pour le genre humain le même respect que le roi des animaux; elle se tapit, se met en embuscade, saute sur le dos du passant qui se trouve à sa portée et lui broie la tête aussi facilement que nous croquons un macaron. C'est un animal très-dangereux, que la civilisation détruira ou rejettera dans le désert. Je ne parle de ces animaux que par tradition, attendu que je n'ai pas eu l'occasion de me trouver en face d'aucun de ces redoutables carnassiers.

Hyène. — La hyène, dont l'aspect est si féroce, est cependant beaucoup moins à craindre que le lion et la panthère; c'est un animal timide, qui ne se défend même pas quand on l'attaque, et que les Arabes peuvent prendre vivant sans courir aucun danger. Elle fait peu de tort aux troupeaux et vit presque exclusivement de cadavres.

Chacal. — Le chacal, autre carnassier, tenant le milieu entre le chien et le renard, est en nombre très-considérable en Algérie; c'est le fléau du gibier, des basses-cours, des jardins et des vignobles. Pendant le jour, il se cache dans les broussailles et les montagnes; la nuit, il sort de son repaire pour aller à la maraude, faisant main-basse sur les volailles, les melons, les pastèques et surtout les raisins, dont il est très-friand. Beaucoup de colons m'ont assuré n'avoir pu encore goûter du fruit de la vigne qu'ils avaient plantée, parce que tout était dévoré par les chacals. Une prime donnée pour la destruction de ces animaux aiderait à diminuer les dégâts qu'ils font.

Chat-tigre. — Le chat-tigre, petit carnassier du genre *felis*, est aussi le fléau des troupeaux et des basses-cours; il est beaucoup plus rare que le chacal.

Sanglier. — Le sanglier fait souvent irruption dans les

pays de culture; tout le monde connaît cet animal et les dégâts qu'il y fait.

Aigle. — Parmi les oiseaux, l'aigle blanc et le vautour font quelque mal dans les basses-cours; mais c'est surtout par la destruction du gibier qu'ils causent le plus de tort.

Moineau. — Le moineau est très-commun en Afrique; il se jette sur les moissons, et Dieu sait les dégâts qu'il y fait! Cet oiseau parasite a été cause que la culture du colza n'a pu jusqu'à présent être introduite en Algérie. Des essais de cette plante oléagineuse ont été tentés; ils auraient bien réussi si, au moment de la maturité des graines, des légions de moineaux et autres petits oiseaux n'étaient venus dévorer la récolte. Il a fallu renoncer à cette culture qui pouvait avoir un si bel avenir.

Quelques insectes aussi sont nuisibles aux cultivateurs.

Sauterelles. — Les sauterelles sont parfois un fléau dévastateur; mais leurs invasions deviennent de plus en plus rares, à mesure que les défrichements s'étendent. On m'a assuré qu'elles n'ont pas paru depuis dix ans dans les environs d'Alger. Les fourmis font aussi quelque tort aux récoltes; mais c'est surtout aux éducateurs de vers à soie qu'elles nuisent le plus; la disposition des étagères dont je me sers met à l'abri des dégâts de ces insectes.

Limaçons. — Les limaçons et les limaces se multiplient également beaucoup dans les printemps humides, et ces mollusques font un tort considérable aux cultures industrielles.

En Algérie, comme en France, le cultivateur trouve des ennemis à combattre ou des fléaux à supporter; mais s'il a le lion, la panthère, le chacal et les sauterelles en Afrique, il est exempt des ravages des loups, des hannetons et des taupes, qui y sont inconnus, et qui font tant de tort aux cultivateurs français.

TRAVAUX AGRICOLES.

Dans la petite culture, les opérations agricoles sont généralement mal exécutées : les labours sont trop superficiels et faits de la manière la plus irrégulière ; si un bon laboureur français en voyait de pareils, il hausserait les épaules. Les cultures sarclées sont aussi dans un état déplorable ; les tabacs, les cotons sont remplis de mauvaises herbes qui les étouffent ; les autres opérations de la culture doivent se ressentir de la mauvaise exécution de celles que j'ai vues ; il était difficile qu'il en fût autrement. Les premiers colons étaient, en général, étrangers à la culture des terres ; ils n'avaient aucune instruction pratique, aucune expérience agricole ; ils possédaient peu ou point de capitaux ; il leur manquait donc les conditions indispensables pour bien cultiver la terre. Aussi n'est-il pas étonnant que leur culture se ressente de la fâcheuse position dans laquelle ils se trouvaient en arrivant dans la colonie. Cependant, telle est la fertilité du sol africain, telle est la beauté de son climat, que, malgré tous ces désavantages, malgré l'imperfection de la culture, tous les colons laborieux, économes et ayant une bonne conduite, font bien leurs affaires. Ce beau pays est si favorisé que la terre peut y produire sans engrais, pendant plusieurs années successives, les récoltes les plus épuisantes. J'y ai vu de très-beaux blés faits pour la cinquième et sixième fois. M. Fruitier, propriétaire à Cheragas, un des meilleurs cultivateurs d'Algérie, m'a montré une pièce de froment ayant une très-bonne apparence, qui rapportait du grain successivement, d'année en année, pour la onzième fois, et qui n'avait pas été fumée. C'est une expérience qu'il fait pour éprouver la force productive de sa terre, située dans le Sahel d'Alger.

Si la culture est généralement mal exécutée par les petits colons, il n'en est pas de même chez les grands propriétaires. J'ai trouvé chez beaucoup d'entre eux d'excellentes cultures très-bien faites et très-soignées. Les labours étaient excellents, profonds, réguliers et aussi bien faits que dans les meilleures exploitations françaises ; les cultures sarclées étaient parfaitement propres, les terres bien plantées, et les plantations bien entretenues, les animaux nombreux, bien nourris et en bon état, les bâtiments spacieux et bien disposés. Tout se ressentait du degré d'instruction, de capacité, d'intelligence et d'aisance du propriétaire. Ce n'est que dans la grande culture algérienne que les bons procédés sont mis en pratique, que les bons instruments sont employés. Là se trouvent véritablement le progrès et la bonne culture ; c'est de là que partiront les bons exemples. Les établissements les mieux dirigés que j'ai visités dans la province d'Alger sont : ceux de M. Morin, maire d'El-Biar ; de M. Fruitier, à Cheragas ; de M. Trottier, maire de la Rassauta ; de M. Borély, maire de Bouffarik ; des frères Trappistes, à Staouëli ; et, dans celle d'Oran, ceux de M. de Saint-Maur, à Arbal ; de M. Adam, au Tlélat, dirigé par M. Sohn ; de M. Capmas, à Saint-Denis-du-Sig, et de M. Graillat, près de Mostaganem. Il y en a assurément beaucoup d'autres que le trop court séjour que j'ai fait en Algérie m'a empêché de visiter.

De ce que je viens de dire il ne faut pas conclure que la grande culture soit plus avantageuse que la petite. Si la première est mieux faite et donne plus de produits bruts que la seconde, elle est beaucoup plus dispendieuse. Le grand propriétaire est obligé d'employer des contre-maîtres, des domestiques à gages et des ouvriers salariés. La main-d'œuvre est rare et chère en Algérie; les ouvriers et domestiques ne s'attachent pas à leurs maîtres; ils ne se louent qu'au mois et abandonnent leur place pour la plus futile cause, par amour du changement, par intérêt, et afin d'obtenir un salaire plus considérable. Du peu de stabilité des agents agricoles il résulte qu'un cultivateur ne peut jamais compter sur ses ouvriers, et qu'il vient souvent à en manquer au moment où il en a le plus besoin. La rareté de la main-d'œuvre pèse lourdement sur le grand propriétaire cultivateur; elle est l'obstacle le plus considérable qu'il rencontre en Algérie.

Le petit colon se trouve, sous ce rapport, dans des conditions plus avantageuses, parce que tous les travaux sont exécutés par ses mains et celles de sa famille; il ne lui manque que l'instruction et l'expérience agricole.

Les cultures en Algérie n'ont pas encore reçu la sanction d'une longue expérience; elles sont encore, pour ainsi dire, à l'état d'essai. On ne connaît pas assez les ressources du climat et du sol de notre colonie. Quelle que soit la fertilité de cette terre vierge, elle n'est pas inépuisable, et elle ne saurait résister longtemps au régime épuisant auquel la soumettent les petits colons. Il est à craindre qu'à force d'en tirer des produits sans réparer par des engrais ses forces productives, on arrive à l'infertilité. J'en ai vu un exemple dans ma visite à la colonie de la Stidia. Ce village, situé sur le bord de la mer, entre Mostaganem et la Macta, a un sol léger et sablonneux; l'effritement s'y fait plus promptement que dans les terres grasses et fortes; aussi les habitants, par une culture imprudente, ont-ils épuisé la partie fécondante du sol. Leurs blés sont jaunes, maigres, ont la plus chétive apparence, et ne donneront cette année qu'une mauvaise récolte. Au milieu de ces cultures, j'en vis une dont la couleur et la vigueur contrastaient d'une manière extraordinaire; je crus que c'était un nouveau défrichement; je m'en informai et on me répondit que c'était un blé qui avait été fumé avec des engrais d'étable. Puisse cet exemple ouvrir les yeux des colons et leur faire voir qu'il ne faut pas abuser de la fertilité du sol, qu'il ne faut pas tuer la poule aux œufs d'or.

TRAVAUX EXÉCUTÉS PAR LE GOUVERNEMENT ET ENCOURAGEMENTS QU'IL A PROCURÉS A LA COLONISATION.

J'ai souvent entendu les colons se plaindre du gouvernement et dire qu'il ne faisait rien pour l'agriculture et la colonisation.

Ce reproche est injuste. Le gouvernement a fait son possible en faveur de la colonisation, et certes la mère patrie aurait droit d'être jalouse des avantages dont profitent les habitants de l'Algérie.

Sécurité.

En première ligne je mets la sécurité; elle est parfaite; aucun pays n'est mieux doté sous ce rapport. Les crimes commis envers les personnes ou les propriétés y sont extrêmement rares; on est plus en sûreté, même la nuit, au milieu des tribus arabes, qu'on ne l'est au centre de Paris, la ville du monde la plus civilisée. Cette parfaite sécurité est due à la vigilance de l'administration de la guerre, qui rend les tribus responsables des crimes commis sur leur territoire. Il résulte de cette mesure de sévérité que les indigènes, loin de nuire aux Européens, en deviennent les protecteurs.

Routes et Chemins.

Avant l'occupation française, l'Algérie était complétement dépourvue de routes et de chemins. Les transports s'y faisaient avec des bêtes de somme et par des sentiers rocailleux ayant des pentes extrêmement rapides et se trouvant encaissés dans les terres. Maintenant, grâce à la sollicitude du gouvernement, les principales villes sont reliées aux centres de population de l'intérieur par d'excellentes routes bien entretenues, qui ont été construites aux frais de l'État. Cette excellente viabilité, qui a exigé des travaux considérables, facilite singulièrement les communications; aussi de nombreux services de diligences et de roulage se sont-ils établis entre les ports de mer et les villes et villages de l'intérieur. C'est un grand bienfait qui favorise la colonisation.

Aqueducs et Irrigations.

Dans l'intérêt spécial de l'agriculture le gouvernement a fait des travaux d'art, des aqueducs, des canaux, des barrages pour faire servir aux irrigations des cours d'eau qui coulaient improductifs au fond des ravins. Maintenant, ces eaux, qui autrefois formaient des marais pestilentiels, fertilisent des plaines magnifiques, telles que celles du Sig et de la Métidja.

Des villages entiers, pourvus de fontaines, lavoirs, église, plantation, maisons d'école et même d'habitation, ont été fondés par les soins du gouvernement.

Les colons ont reçu, soit gratuitement, soit à prix réduit, des arbres, des graines, des plantes de plusieurs espèces pour garnir ou ensemencer les terres qu'ils ont obtenues gratuitement. Ils jouissent, en outre, de la franchise des contributions directes ou indirectes, avantage considérable, qui leur procure la vie à bon marché et facilite les transactions.

Dans l'intérêt de la propagation des cultures industrielles, le gouvernement achète les tabacs, les cotons et les soies produits par les colons; ceux-ci sont donc assurés du débouché de leurs denrées, sans passer par l'intermédiaire d'agents commerciaux qui s'emparent souvent du plus clair de leur bénéfice.

Tous ces avantages, et beaucoup d'autres que j'omets probablement, doivent favoriser le développement de la colonisation, et il y a vraiment de l'injustice à se plaindre du gouvernement, qui a tant fait pour l'Algérie.

DE L'ÉTAT SANITAIRE DE L'ALGÉRIE.

L'état sanitaire de notre colonie est aussi favorable qu'on peut le désirer. L'Afrique, cette terre classique des fièvres pernicieuses, vit encore sur son ancienne réputation. Ce qui était malheureusement vrai, il y a quelques années, avant l'exécution des travaux d'assainissement et de défrichement, n'existe plus maintenant. Les fièvres deviennent de plus en plus rares; elles ont perdu le caractère dangereux qui les rendait si redoutables et ne sont ni plus communes, ni plus dangereuses qu'en France. Je citerai un exemple : la commune de Boufarik, située au milieu de la plaine de la Métidja, était autrefois un marais si dangereux, qu'au bout d'un mois de séjour les soldats qu'on envoyait

8*

dans ce camp retranché étaient presque entièrement
atteints de fièvres. Depuis les travaux de défrichement et
d'assainissement qu'on y a pratiqués, ce pays est devenu
d'une extrême fertilité et l'un des plus salubres de l'Algérie. Sa population s'accroît tous les jours et la mortalité
y est moindre qu'en France, fait qui m'a été signalé par le
maire de cette ville, M. Borély-Lasapie.

Je puis parler avec connaissance et par expérience de
l'état sanitaire de l'Algérie. J'y étais allé pour me guérir
d'une fièvre intermittente dont j'étais affecté depuis cinq
ans et demi, ou pour échanger cette maladie française
contre une fièvre africaine. J'ai réussi au gré de mes
désirs ; ma fièvre a disparu et je ne me suis jamais mieux
porté que pendant le séjour que j'ai fait en Algérie. Je puis
cependant dire que je ne me suis pas ménagé ; j'ai souvent
éprouvé beaucoup de fatigues ; mais, malgré le violent
exercice et la vie aventureuse que j'y ai menée, j'ai toujours
joui d'une bonne santé et la fièvre n'est pas revenue.

En se reportant à la position fâcheuse où se trouvaient
nos premiers colons, ces pionniers de la colonisation
algérienne, manquant des choses les plus nécessaires à
l'entretien de la santé, transportés dans un lieu désert,
n'ayant que d'insuffisants abris, couchant sur la terre et
occupés de travaux de défrichement auxquels leurs bras
n'étaient pas habitués, on ne sera pas étonné de la mortalité qui régnait parmi ces malheureux. Ces causes n'existent plus maintenant, et les registres de l'état civil ne
constatent pas en Algérie plus de décès qu'en France ; ce
sont du moins les renseignements que j'ai pu me procurer
chez plusieurs maires de villes et de villages.

Les maladies de poitrine, si fréquentes et si dangereuses
dans les pays du Nord, n'existent pas en Algérie ou sont
très-rares ; la douceur et l'égalité de la température con-

viennent parfaitement aux organes respiratoires et les guérissent rapidement des affections dont ils sont atteints. J'étais arrivé à Alger avec un rhume très-tenace, que probablement j'aurais conservé tout l'hiver en restant en France; il fut guéri en trois jours sous l'influence du climat d'Afrique. Les maladies rhumatismales résistent rarement à un séjour un peu prolongé dans notre colonie. Il existe auprès d'Oran des eaux thermales nommées Bains de la Reine; elles sont excellentes pour ces affections, ainsi que pour celles du tube digestif et principalement des intestins. Elles ont 60° de température. On s'en sert en bains, en douches, en boisson et sous forme de vapeur. Elles facilitent les digestions, excitent l'appétit et sont toniques. La source est située sur le bord de la mer, à trois kilomètres d'Oran, entre cette ville et Mers-el-Kébir. Avis aux malades européens.

Par tout ce que j'ai vu et par les renseignements que j'ai pu me procurer, j'ai la conviction, Monsieur le Maréchal, que le sol et le climat de l'Afrique conviennent admirablement à toutes les cultures européennes; que les céréales y viennent si bien et à si peu de frais, que notre colonie pourra bientôt procurer de nombreux envois de grains à la mère patrie, et que cette importation viendra en aide à l'approvisionnement de nos marchés et pèsera assez sur le prix de cette denrée alimentaire de première nécessité pour que désormais les disette ne soient plus à redouter.

La production de la viande suivra de près celle des grains et formera un article important d'importation en France.

Les graines oléagineuses pourront aussi y être cultivées avec grand succès. Les cultures industrielles du tabac, du coton, des plantes tinctoriales et textiles; la production de la soie, de la laine, viendront fournir un aliment aux nombreuses industries des tissus ; et quand l'immense territoire de cette nouvelle France sera mis en valeur, nous pourrons nous passer des matières premières que nous sommes forcés de tirer de l'étranger.

Parmi les obstacles qui s'opposent à la prompte réalisation de cet avenir, je mets en première ligne la rareté et la cherté de la main-d'œuvre. Les populations européennes ne connaissent pas encore les avantages que la culture de l'Algérie peut procurer à ceux qui viennent se fixer dans ce beau pays situé à deux journées de Marseille. L'émigration continue à traverser l'Atlantique et à chercher un meilleur avenir dans les pays lointains de l'Amérique. Si l'on pouvait faire connaître aux émigrants tout ce qu'ils auraient à gagner en venant se fixer dans notre fertile colonie, je suis convaincu que le courant qui les conduit vers l'Ouest changerait de direction et les mènerait au Sud. Dans le cas où la relation du voyage que je viens de faire pourrait contribuer à ce résultat, je m'empresserais de la rédiger.

Pendant le séjour que j'ai fait dans l'établissement des frères Trappistes à Staouëli, j'ai fait la connaissance du père Romuald, qui a eu la bonté de me donner communication d'un manuscrit où il a traité des questions fort importantes pour la colonisation. Ses remarques sont écrites avec un discernement et un esprit d'observation fort remarquables. J'en ai là quelques fragments, et je vous engagerais, Monsieur le Maréchal, à en prendre connaissance ; vous pourriez y puiser de précieux renseignements. Le père Romuald habite l'Algérie depuis près de dix ans ; il s'y est trouvé lors de la fondation du monastère, et il a beaucoup étudié la question de la colonisation.

Après la rareté de la main-d'œuvre vient celle des capitaux ; elle est telle que l'intérêt de l'argent en Algérie

est double de celui qu'on en retire en France, environ
1 0/0 par mois. Les exportations que fait l'Algérie viendront chaque jour rendre l'argent plus commun; le haut
intérêt y appelle les capitaux, et quand les capitalistes
sauront qu'ils trouvent sûreté dans ce pays, ils y feront
des placements.

L'insuffisance des bâtiments pourra disparaître au moyen
des abris économiques dont j'ai eu l'honneur de vous entretenir. Ces constructions légères et si peu dispendieuses
permettront d'attendre le moment où les bois et les capitaux ne feront plus défaut. Plus tard, on construira de
beaux et solides bâtiments comme ceux qui sont en usage
en France.

Quant à ce qui concerne l'instruction agricole, je pense
que des cours publics, des brochures où les bons principes
de culture et d'éducation des vers à soie seraient traités,
et qui seraient répandus dans les centres de population
agricole et dans les écoles primaires, pourraient faire beaucoup de bien. Je crois aussi que des modèles d'instruments
perfectionnés servant à économiser la main-d'œuvre, de
bons appareils de magnaneries économiques, pouvant
servir de séchoirs, établis d'une manière simple et facile,
seraient fort utiles pour propager l'éducation des vers à
soie et la culture des plantes industrielles.

Je pense qu'il faudrait tâcher, au moyen de primes,
d'encourager la production du bétail, surtout de la race
bovine, chez les petits cultivateurs; quelques récompenses
honorifiques suffiraient pour stimuler le zèle des grands
propriétaires.

La production du bois devrait aussi être encouragée,
surtout la plantation des espèces à croissance rapide, telles
que les genres peuplier blanc de Hollande, arbres verts de
bonnes espèces, etc. Cela permettrait d'attendre l'époque

où les bois durs seraient assez multipliés pour suffire aux besoins toujours croissants de la population. Je ne parlerai pas des établissements qui accompagneront les progrès de la civilisation. Sous ce rapport, l'Algérie est parfaitement dotée, et ce n'est pas sans étonnement que j'ai trouvé dans ce pays un état social aussi avancé en si peu de temps. L'Algérie a plus gagné en vingt années sous la domination française qu'en plusieurs siècles sous celle des Turcs. On trouve à satisfaire amplement à tous les besoins et à toutes les jouissances de la vie, non-seulement dans les villes, mais même dans les villages de fondation récente, et j'ai rencontré au milieu de la plaine de la Métidja des hôtels où l'on est logé et nourri plus confortablement que dans beaucoup de villes de France.

Voilà, Monsieur le Maréchal, les principales remarques que j'ai été à même de faire en Algérie, et dont j'ai l'honneur de vous faire part.

Agréez, etc., etc.

Paris. —Imp. Félix Malteste et Cᵒ, rue des Deux-Portes-St-Sauveur, 22.